Marianne Kaltenbach

So ißt man das!
Es gibt keine schwierigen Gerichte

D1692023

Marianne Kaltenbach

So ißt man das!

Es gibt keine schwierigen Gerichte

Jan. 98

Urania

Die Deutsche Bibliothek – CIP-Einheitsaufnahme

Kaltenbach, Marianne:
So ißt man das! : es gibt keine schwierigen Gerichte / M arianne Kaltenbach. [Zeichn.: Fritz Kaltenbach und Gerlinde Keller]. - Berlin : Urania, 1997
ISBN 3-332-00601-0

ISBN 3-332-00601-0

© 1997 by Urania Verlag in der
Dornier Medienholding GmbH, Berlin

Die Verwertung der Texte und Bilder, auch auszugsweise, ist ohne Zustimmung des Verlages urheberrechtswidrig und strafbar. Dies gilt auch für Vervielfältigungen, Übersetzungen, Mikroverfilmungen und für die Verarbeitung mit elektronischen Systemen.

Die Ratschläge in diesem Buch sind von Herausgeber und Verlag sorgfältig erwogen und geprüft, dennoch kann eine Garantie nicht übernommen werden. Eine Haftung des Herausgebers bzw. des Verlags und seiner Beauftragten für Personen-, Sach- und Vermögensschäden ist ausgeschlossen.
Umschlaggestaltung: Christina Huber
Zeichnungen: Fritz Kaltenbach, Gerlinde Keller (S. 13/14, 26, 38, 40(1), 47, 56/57, 72/73, 88/89 (2), 118/119)
Lektorat: Dr. Marianne Jabs
Layout und Satz: Rex Verlagsproduktion, München
Druck: Magdeburger Druckerei GmbH
Printed in Germany
Gedruckt auf alterungsbeständigem Papier
mit chlorfrei gebleichtem Zellstoff

Inhalt

Vorwort

Dieses Buch widme ich all jenen, die gern gut essen und sich dessen bewußt sind, daß das Essen ein Teil unserer Kultur ist.
Nicht umsonst spricht man von „Kochkunst". Was mit Liebe gekocht wurde, soll auch am Tisch richtig zur Geltung kommen. Und zwar nicht nur im Restaurant, sondern auch zu Hause.
Schön essen – das heißt auch: wissen, wie man Gerichte ißt. Mit Messer und Gabel, mit dem Löffel oder auch mit den Fingern? All das kann man natürlich dein Profis abgucken, wenn sie das Werk des Küchenchefs perfekt präsentieren und servieren. Aber vielleicht möchte man noch etwas mehr darüber wissen und vor allem als Gast einen guten Eindruck machen.
Wie man ißt, lernen viele Menschen im Elternhaus. Aber auch dort gehören der halbiert servierte Hummer und die Auster wohl kaum zur Alltagskost. Hier und bei vielen weiteren Gerichten bleiben Fragen offen. Wie ißt man die blau gekochte Forelle, die Spaghetti, die Auberginen? Schneidet man Käse mit dem Messer, tunkt man die Sauce mit dem Brot auf, und darf man knusprig gebratene Hähnchenbeine in die Hand nehmen und abknabbern?
Natürlich haben sich die Tischsitten in den letzten Jahren geändert. Auch sind sie von Land zu Land verschieden. Man ist bei uns allgemein toleranter geworden, und in diesem Sinn ist auch dieses kleine Handbuch gedacht. Es soll ihm beileibe nichts Lehrerhaftes anhaften. Nur eine kleine Hilfe will es bieten - für alle Gourmets und solche, die es noch werden wollen.
Viel Spaß und viel Erfolg dabei wünscht Ihnen
Marianne Kaltenbach

AAL

Anguille / Eel / Anguilla / Anguila

1. Fischgerichte - Genuß für Kenner

Der Aal ist in jeder Hinsicht etwas Besonderes, denn er gehört sowohl zu den Süßwasser- als auch zu den Meerfischen. Er laicht im Saragossameer, das zwischen Nord- und Südamerika liegt. Die Larven werden an die europäischen Küsten geschwemmt, wo sie sich zu Glasaalen entwickeln und danach die Flüsse hochschwimmen. Wenn sie ein Gewicht von 300-500 g und mehr erreicht haben, werden sie gefangen.
Aal gehört zu den fetten Fischen. Er eignet sich bestens zum Räuchern, wird aber auch frisch gekocht sehr geschätzt, z.B. in nördlichen Ländern in grüner Sauce oder – wie in Hamburg – als Suppe. In Japan liebt man ihn gegrillt mit einer köstlichen Sojasauce. In diesem Land gibt es spezielle Restaurants, die nur Aal servieren. Beste Saison ist von Mai bis September.

So serviert man das

In der Gastronomie findet man vor allem Räucheraal. Er wird in etwa 8 cm lange Stücke geschnitten und mit Bauernbrot und Butter, manchmal auch mit süßlichem Weißbrot serviert. Glasaale werden an den Küsten Westfrankreichs und in Spanien häufig zubereitet. Man serviert sie fritiert, gut gewürzt und noch brutzelnd im Kochgeschirr mit frischem Weißbrot – eine Delikatesse, die Sie beispielsweise in Barcelona probieren sollten!

So ißt man das

Zu Aal wird kein Fischbesteck serviert! Er ist auch in dieser Hinsicht etwas Besonderes: Man ißt diesen Fisch mit Messer und Gabel.
Räucheraal kommt meist nicht entgrätet auf den Tisch. Um dies nachzuholen, gleitet man mit dem Messer der Mittelgräte entlang und löst sie heraus. Wenn die Haut noch vorhanden ist, löst man sie beidseitig mit dem Messer und zieht sie ab. Aal in Sauce ist in guten Restaurants gehäutet und meist auch entgrätet. Dann kann er auch mit dem Fischbesteck gegessen werden.

Tips für zu Hause

❧ Räucheraal eine halbe Stunde vor dem Servieren aus dem Kühlschrank nehmen und wie oben beschrieben servieren.
❧ Ein kleines Salatbouquet ist dekorativ dazu. Gewürzgurken oder Cornichons passen ebenfalls sehr gut. Eine Peffermühle gehört auf den Tisch!

Glücklich war das Leben der Aale zur Zeit der Pharaonen. Man hatte sie unter die Unsterblichen eingereiht und erwies ihnen göttliche Ehren. In besonderen Teichen wurden sie täglich von Priestern mit Käse gefüttert. An Festtagen schmückte man sie sogar mit juwelenbestückten Halsbändern!

❧ Man kann den Räucheraal in der Küche häuten und als Abwechslung mit Rührei servieren.

❧ Frisch gekauften Aal läßt man bereits beim Händler abziehen und entgräten. Der Aal sollte am gleichen Tag verwendet werden, denn nur absolut frisch schmeckt er gut.

Getränkeempfehlung:

Zu Räucheraal: Eiskalter Aquavit oder kalter Kornschnaps, evtl. Bier.
Zu frischem Aal: Leichter roter Landwein. Auch dazu kann ein Gläschen Korn nicht schaden.

Bouillabaisse

Eigentlich war diese Marseiller Fischsuppe ursprünglich ein einfaches Fischergericht. Unverkaufte Fische wurden zu einer Suppe gekocht. Heute ist sie für Restaurants zu einem Paradepferd geworden, und über die Zubereitung gibt es immer wieder heftige Diskussionen. Sehr oft wird sie zu einer Luxusvariante, die außer Fischen auch Krustentiere enthält.

So serviert und ißt man das

In der Gegend von Marseille werden die Fische, wie sie aus dem Sud kommen, auf einer Korkwiege präsentiert. Die Suppe kommt separat mit dünngeschnitten und gerösteten Brotscheiben und Rouille

(einer mayonnaiseartigen Sauce aus Ei, Olivenöl, scharfen Pfefferschoten, Safran und Knoblauch) auf den Tisch.
In der Regel entgrätet das Servicepersonal die Fische.

Die Brotscheiben kommen in den Suppenteller und werden mit Fischen belegt und mit der Suppe begossen. Die Rouille ißt man mit den Fischen. Manchmal wird die Suppe damit pikanter gemacht. Bei einer anderen Variante werden Suppe und Fische separat serviert, und man streicht die Rouille auf kleine geröstete Brotscheiben und ißt sie mit.

Tips für zu Hause

Lassen Sie sich die Fischauswahl von ihrem Lieferanten zusammenstellen. Wenn möglich, sollte sie nur Fische aus dem Mittelmeer enthalten.

Nach den klassischen Marseiller Rezepten soll eine Bouillabaisse nur bestimmte Fischsorten enthalten wie

* Rascasse (Drachenkopf)
* Sant-Pierre (Petersfisch)
* Merlan (Wittling)
* Lotte de mer oder Baudroie (Seeteufel)
* Anguille (Meeraal)
* Rouget grondin (Knurrhahn)
* Maquereau (Makrele) oder ersatzweise Vive (Petermännchen) und
* andere Mittelmeerfische.

In der Gegend von St. Tropez gibt man favouilles (Schwimmkrabben) in die Suppe, was ihr Aroma wesentlich verändert. In Sète und Umgebung wird die Bouillabaisse mit nur einer Fischsorte zubereitet.

Die Rouille sollte ganz frisch serviert werden. Wenn man sie am Vortag zubereitet, darf kein Knoblauch darin sein. Er kann unmittelbar vor dem Essen noch zugefügt werden. Der Knoblauch verändert durch Stehenlassen seinen Geschmack auf unangenehme Weise.
Wer diese Sauce nicht selber machen will, kann sie als Konserve kaufen. Allerdings kann so eine Konserve nicht mit der hausgemachten Sauce verglichen werden.

Getränkeempfehlung

Weiß- oder Roséwein aus Cassis, Bandol, St. Tropez und Umgebung.

FORELLE

truite / trout / trota / trucha

Leider sind Wildbachforellen sehr rar geworden. Wer keinen Forellenfischer zum Freund hat, kann sich kaum Hoffnungen auf diese Delikatesse machen. Im Bassin vieler Restaurants aber schwimmen Zuchtforellen und wer nicht weiß, wie eine Bachforelle schmeckt, bestellt eben diese.

So serviert man das

Im Restaurant werden vor allem Forellen blau, das heißt: im Sud gekocht und in der Fischkasserolle auf den Tisch gebracht. Die Forellen werden auf dem Abtropfgitter hochgezogen und dem Gast unzerteilt auf den Teller gelegt. Dazu gibt es meistens hellbraune, geschmolzene Butter, die auf einem Stövchen warmgehalten wird. Klassisch ist auch die gebratene Forelle nach Müllerinnen Art. Dazu werden normalerweise Salzkartoffeln und Zitronenviertel serviert.

So ißt man das

❧ Zuerst entfernt man die Forellenbäckchen, die unterhalb des Auges liegen. Eine Delikatesse, die man nicht verschmähen sollte! Man nimmt sie mit der Spitze des Fischmessers heraus und legt sie auf den Teller.

❧ Dann zieht man die Rücken-, Bauch- und Schwanzflossen aus dem Fisch und entsorgt sie auf einem bereitstehenden Teller.

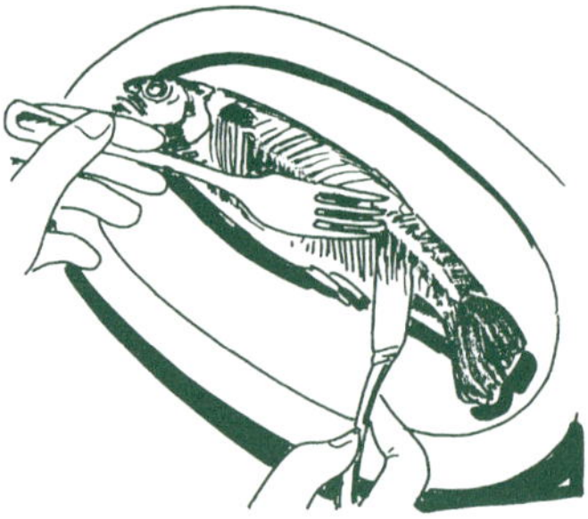

❧ Mit dem Fischmesser bringt man über den ganzen Rückenkamm, beim Kopf beginnend, einen Einschnitt bis zum Rückgrat an. Dann wird die Haut mit Fischgabel und Messer sorgfältig abgezogen, indem sie über das Messer eingerollt wird.

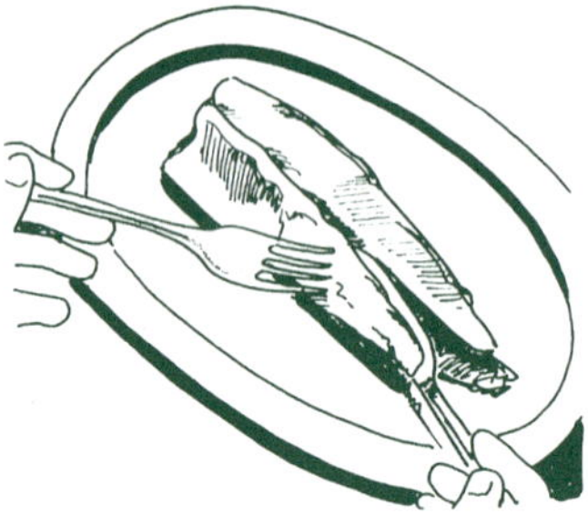

❧ Das oben liegende Filet kann danach abgelöst werden, indem man das Fischmesser bei den Kiemen ansetzt und es danach zwischen Gräten und Fleisch gleiten lässt.

❧ Die Gräte wird am Schwanzende mit der Gabel hochgehoben und mitsamt dem Kopf entfernt.

❧ Das untere Filet wird gewendet und ebenfalls enthäutet.

Gebratene Forellen werden genauso zerlegt. Ist die Haut kroß gebraten, wird sie zu einer Delikatesse. In diesem Fall löst man sie sorgfältig ab, ohne sie zu rollen, legt sie beiseite und setzt sie nach dem Entgräten wieder auf die Filets. Das untere Filet wird gewendet, die Haut daran belassen.

Tips für zu Hause

Nur ganz frische, noch mit Schleim belegte Forellen werden im gesäuerten Sud wirklich blau. Achten Sie darauf, daß die heiße Butter nicht schwarz, sondern höchstens dunkelbraun wird. Zu dunkle Butter schmeckt schnell bitter und ist außerdem sehr unbekömmlich. Servieren Sie zu Forellen, die in Butter gebraten wurden, keine Sauce Tartare, wie leider oft geschieht. Diese Sauce paßt höchstes zu fritierten Fischen.

Andere Rundfische wie Felchen (Renken), Saiblinge, Wolfsbarsch, Lachs usw. werden auf dieselbe Art zerlegt. Bei großen Rundfischen, die im Sud gegart wurden, geht man ebenso vor, hebt aber sorgfältig Portionen von den Filets ab.

Räucherlachs

saumon fumé / smoked salmon / salmone affumicato / salmón ahumado

Gut und professionell geräucherter Lachs ist nur schwach gesalzen. Je nach Herkunft ist das Fleisch zartrosa bis kräftig lachsfarben. Die Struktur des Fleisches ist unterschiedlich ausgeprägt.

So serviert man das

Lachsseiten liegen in der Regel im guten Restaurant auf einem speziellen Lachsbrett. Darauf wird der Lachs, am Schwanzende beginnend, leicht schräg in sehr dünne, breite Scheiben aufgeschnitten. Die Haut auf der Unterseite sollte nicht berührt werden. Dazu benötigt man ein sehr schmales langes Messer, welches in der Fachsprache Tranche-lard genannt wird.
Neuerdings wird bei exklusiven Lachsqualitäten das Rückenstück abgetrennt und senkrecht in etwa 1 cm dicke Scheiben tranchiert. Der zurückbleibende Teil wird wie bisher dünn geschnitten und meist für Canapés oder andere Verwendungsarten abgepackt. Das Rückenstück ist auch entsprechend teurer.

Zum Räucherlachs serviert man

- Toast
- Schwarzbrotscheiben (z.B. Fünfkorn, Roggen, Pumpernickel) und nach Belieben
- etwas Crème fraîche oder milde Meerrettichsahne.

❧ Andere Beigaben wie Zwiebeln, Kapern, Zitrone usw. sind vollkommen aus der Mode gekommen und beeinträchtigen den Geschmack eines guten Lachses.
Marinierter Lachs (Graved lax) wird wie oben beschrieben in etwas dickere Scheiben geschnitten. Nachdem er mit Dill, Salz und Zucker eingelegt wurde, erübrigen sich weitere Beigaben.

So ißt man das

Räucherlachs ißt man nicht mit dem Fischbesteck, sondern mit Vorspeisengabel und -messer!
So werden auch andere geräucherte Fische gegessen, z.B. Forelle, Stör, Aal usw. Bei sehr weichem Fischfleisch verwendet man nur die Gabel und ersetzt das Messer durch ein Brotstück.

Tips für zu Hause

Wer es versteht, den Lachs zu tranchieren, kann dies zur Freude seiner Gäste am Tisch zelebrieren. Dabei ist vor allem die Qualität des Messers von Bedeutung. Fühlt man sich unsicher, kann man seinen Lachs im Feinkostgeschäft bereits dünn aufgeschnitten kaufen und auf einer Platte oder direkt auf Teller schön anrichten. Ein Dillzweiglein paßt gut dazu.

Getränkeempfehlung

Trockener Weißwein, z.B. weißer Burgunder, Chardonnay, gehaltvoller Badischer Weißwein oder auch Champagner oder Sekt und eventuell ein Gläschen Aquavit.

Seeigel

oursin / sea urbin / riccio di mare / erizo de mar

Das kleine, runde Stacheltier ist je nach Provenienz von brauner, dunkelgrüner oder violetter Farbe mit sichtbarem Mund. Interessant ist, daß ein Teil der Stacheln dem lebenden Tier als Füßchen dienen.

So serviert man das

In der Küche wird auf der flachen Mundseite des im Sud gekochten Igels zum Öffnen eine Kappe abgeschnitten. So bringt man sie meistens zum Gast, begleitet von Zitronenvierteln. Manchmal wird der Inhalt des Igels zu einem mit Butter verfeinerten Püree verarbeitet und wieder eingefüllt.

So ißt man das

❧ Träufeln Sie einige Tropfen Zitronensaft auf den Inhalt des Igels und essen Sie ihn mit einem kleinen Löffel.

❧ Ist der Inhalt püriert, können Sie auch schmale Weißbrotscheiben hineintunken und den Seeigel wie ein Drei-Minuten-Ei essen. Brotstreifen werden manchmal mitserviert.

Tips für zu Hause

Falls Sie wagemutig sind, probieren Sie es einmal für Gäste!

Fassen Sie die Seeigel mit einem Handschuh an, kochen Sie sie ganz kurz und öffnen Sie sie wie oben beschrieben. Setzen Sie je einen Igel als Vorspeise auf ein flaches,

grünes Bett, z.B. aus Algen, Rucola oder Brunnenkresse, und legen Sie einen Zitronenschnitz dazu.
Man kann den Seeigelrogen auch pürieren, mit etwas Rahm verfeinern, mit Salz und Pfeffer abschmecken und als Sauce zu einem gedämpften Fischfilet servieren.

Getränkeempfehlung

Muscadet, Sancerre, Graves.

In Südfrankreich werden die Seeigel sehr oft roh ausgelöffelt, was nicht jedermanns Sache ist. Er ist meistens ein Bestandteil des Plateau de fruits de mer, einer mehrstokkigen Platte mit Meeresfrüchten, die praktisch alle roh gegessen werden, mit Ausnahme von Krustentieren.

Seezunge
sole / sole / sogliola / lenguado

Dieser äußerst beliebte Fisch kommt als Ganzes serviert, meist gebraten, gegrillt oder fritiert auf den Tisch.

So serviert man das

Die Seezunge wird meistens auf einer Platte präsentiert.

❧ Der Ober entfernt den Flossenrand und auf Wunsch auch die Gräte. Dann kommt der Fisch in der Regel mit einer halben Zitrone auf den Teller.

❧ Sollte der Flossenrand noch vorhanden sein, was in südlichen Ländern häufig ist, dann machen Sie innerhalb des Randes rund um den Fisch herum einen Einschnitt mit dem Fischmesser, und heben Sie mit etwas Druck die Randgräte aus dem Fisch heraus.

❧ Dann machen Sie in der Mitte des Fisches längs dem Rückgrat einen Einschnitt, so daß man die oberen beiden Filets leicht abheben kann.

❧ Jetzt heben Sie im Zangengriff mit dem Fischbesteck die Gräte an und entfernen sie mühelos. Legen Sie sie auf einen bereitgestellten Teller.

Tips für zu Hause

Im Süden kennt man noch eine besonders einfache Art, die Filets freizulegen: Man entfernt den Flossenrand und macht den Schnitt entlang dem Rückgrat. Mit zwei Gabeln werden alle vier Filets gleichzeitig von den Mittelgräten weggezogen.
Mit ein wenig Übung geht das blitzschnell, und Sie

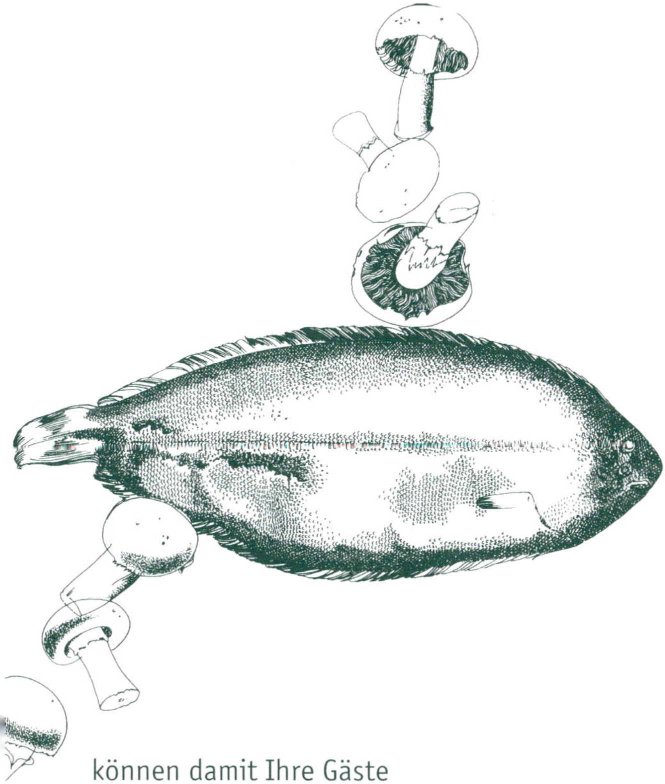

können damit Ihre Gäste verblüffen!
Möchten Sie Ihren Fisch mit Zitronensaft beträufeln, dann stecken Sie die Gabel in das Fruchtfleisch der halben Zitrone und drehen Sie sie mit der Hand um die Gabel, so daß der Saft ausläuft.

Getränkeempfehlung

Riesling aus dem Rheingau, Chablis, Pouilly fuissé oder Chardonnay.

Feinschmecker werden es schätzen, wenn Sie die Seezunge unzerteilt servieren. Allerdings gibt es immer noch viele Leute, die Angst vor ganzen Fischen und deren Zerlegung haben und deshalb Filets vorziehen

Der Run auf das große Buffet

Große Buffets bieten ausgezeichnete Gelegenheiten, Eßkultur und Charakter der Gäste zu beobachten. Bei einigen hat man das Gefühl, sie hätten seit Tagen nichts mehr gegessen. Es muß ein spezieller Genuß sein, wenn die Pastete neben dem Wurstsalat auf der Hummerscheibe und dem zarten Rauchlachs inmitten eines Saucenmeers zu liegen kommt ...
Oder ganze Teller bis über den Rand mit den schönsten Delikatessen gefüllt sind, nur weil diese Produkte teuer sind ...
Auf jeden Fall entspricht dies sicher nicht der feinen Art.

So ißt man das

Im Gastgewerbe werden große Buffets nach einem wohldurchdachten System aufgebaut.
* Am Anfang des Buffets stehen Teller und manchmal auch Besteck zur Selbstbedienung bereit.
* Danach sind in der Regel Fische und Meeresfrüchte aufgebaut.
* Es folgen Salate und kaltes Fleisch.
* Warme Gerichte sind am Ende des Buffets bereit, sehr oft werden sie auch erst im zweiten Gang aufgebaut.
Kultivierte und kulinarisch interessierte Gäste besichtigen das Buffet, solange es noch intakt ist. Denken Sie daran, das Auge ist

meist größer als der Magen. Auch wenn die Sachen noch so verlockend aussehen - alles kann man nicht probieren!
Man hält sich bei der Reihenfolge der Auswahl am besten an das System des Buffets. Ein Buffet wird ja immer „à discretion" angeboten – nutzen Sie dieses Angebot und gehen Sie mehrmals, um sich etwas zu nehmen! Kleine Portionen, mehrere Gänge – das ist kultivierter Umgang am Buffet! Und zeugt von Geschmack. Es sei denn, Sie bevorzugen Käse auf Currysauce mit Vanilleeis...

Tips für zu Hause

Bauen Sie Ihr Buffet ungefähr so auf, wie es im Restaurant üblich ist. Wahrscheinlich wird es ja nicht so umfangreich sein. Je nach der Zahl der Personen muß man sich mit dem Platz etwas einschränken. Zu Hause ist eine rustikale Variante von Vorteil. Alles ist einfacher und unkomplizierter. Oder stellen Sie das Buffet unter ein Motto, z.B. Italien, Provence, China usw. Das weckt Ferienerinnerungen und sorgt für Gesprächsstoff. Um ein allzu großes „Gedränge" zu vermeiden, können Sie vielleicht ein Süppchen oder einen kleinen Salat am Tisch servieren und sich im Buffet auf Hauptgang und Dessert beschränken.

Beim Frühstücksbuffet im Hotel ist es keineswegs die Art des feinen Mannes oder der Dame, wenn man Butterbrote streicht oder Sandwiches für den kommenden Ausflug oder das Mittagessen vorbereitet. Diese Regel gilt selbst dann, wenn man versucht, es diskret auf dem Schoß unter dem Tisch zu machen!

Auster

huitre / oyster / ostrica / ostra

2. Schalen- und Krustentiere - kein Problem!

Austern stammen heute fast alle aus Kulturen. Man unterscheidet grundsätzlich zwei Sorten: Die flache Auster mit mildem, feinem Geschmack und die Portugiesen- oder Felsenauster mit tiefer, rauher, unregelmäßiger Schale. Ihr Fleisch schmeckt herber und wilder. Auch sind sie größer und schwerer.

Die flachen Austern werden nach Gewicht klassifiziert und mit „0" gekennzeichnet:
von 00 (73 - 77 g) bis 000000 (113 g und mehr).
Die Portugiesen-Austern sind in Kategorien mit Nummern eingeteilt:
von 1 = „außer Kategorie" (über 100 g),
2 = sehr groß (76 - 100 g) bis 5 = klein (30 - 45 g).
Die Größe bestimmt auch den Preis. Mehr und mehr kommen auch riesengroße Austern zu uns, so etwa

Heute sind Austern das ganze Jahr hindurch erhältlich. Die Mär von den Monaten mit „r", in denen allein man Austern essen sollte, hat keine Gültigkeit mehr. Ein Gesetz von 1730 verbot den Transport der Austern vom 30. April bis zum 10. September. Diese Vorschrift blieb durch Überlieferung haften. Da es heute keine Transportprobleme mehr gibt, bestehen auch keine Einschränkungen mehr. Zu sagen ist aber, daß die Austern im Sommer „milchig" und nach der Reproduktionsphase mager und qualitativ nicht auf ihrem Höhepunkt sind. Am besten schmecken sie im Januar, Februar und im November und Dezember.

die grünen Austern aus Neuseeland. Die flachen und tiefen Austern werden vorwiegend aus Frankreich, Irland, Belgien, Holland und Norwegen importiert.

So serviert man das

Im Restaurant werden die Austern meist geöffnet in der unteren Hälfte der Schalen auf zerstoßenem Eis präsentiert, was allerdings etwas umstritten ist. Gourmets sagen, der Geschmack komme bei einer Temperatur von etwa 8°C am besten zur Geltung. Wer dieser Ansicht ist, serviert sie deshalb auf einer Austernplatte mit Vertiefungen. Als Beilagen akzeptiert der Kenner nur Zitronenviertel, frisch gemahlenen Pfeffer und dünne, kleine, mit Butter bestrichene Schwarzbrotscheiben, z.B. Roggenbrot. Zum Servieren benötigt man einen kleinen Teller und eine Austerngabel mit

Feinschmecker lieben nur Austern „pur".

drei kurzen Zinken. Eine dieser Zinken hat eine Schneidefläche.

So ißt man das

Austern ißt man „lebend". Oberstes Gebot dabei ist absolute Frische. Wenn Sie Zweifel haben, träufeln Sie, wie es die Italiener tun, etwas Zitronensaft über die Auster. Wenn sie wirklich frisch ist, d.h. noch lebt, reagiert sie mit Zucken darauf.

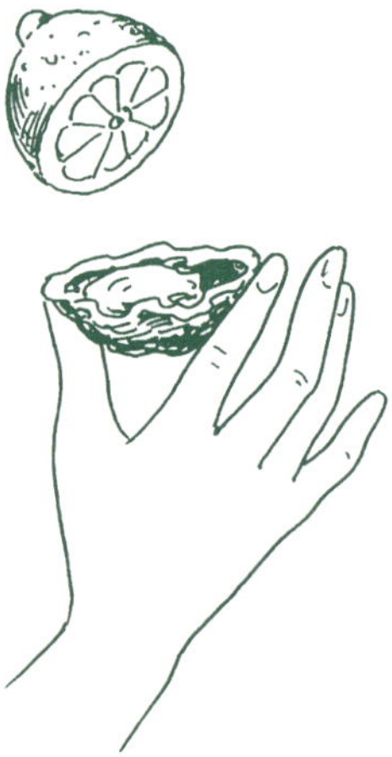

❧ Nehmen Sie die Auster zwischen Daumen und Zeigefinger vorsichtig in die Hand, damit die Austernflüssigkeit nicht verschüttet wird.

❧ Lösen Sie das Muschelfleisch mit der Schneidefläche der Austerngabel von der Schale.

❧ Führen Sie die Auster zum Mund und schlürfen Sie sie so diskret wie möglich.

❧ Um sie wirklich genießen zu können, sollte man sie nicht einfach hinunterschlucken, sondern auch zerkauen.

❧ Wenn Sie es vorziehen, können Sie die Auster auch mit der Austerngabel zum Munde führen und danach das Wasser aus der Schale austrinken.

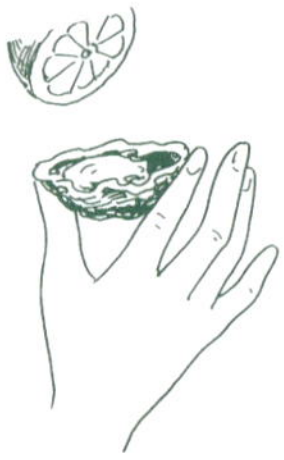

Austern werden im Restaurant auch überbacken oder mit Sauce in der unteren Schalenhälfte serviert. In diesem Fall werden sie, außer bei einem Steh-Apéritif, mit der Gabel gegessen. Ein kleines Stück Baguette oder ein kleiner Löffel können im Notfall zu Hilfe genommen werden.

Tips für zu Hause

Wenn Sie Austern zu Hause essen wollen, müssen Sie sie öffnen. So wird es gemacht:
Verwenden Sie einen Austernbrecher. Das ist ein Messer mit kurzem Heft und einer lanzettartigen Klinge.

- Nehmen Sie die Auster in die Hand und schützen sie die Hand mit einem festen Handschuh oder einer gefalteten Serviette. Das Scharnier der Auster soll zu den Fingern zeigen.
- Setzen Sie das Messer seitlich dort an.
- Drücken Sie das Messer hinein und fahren Sie damit an der flachen Seite nach links zur Spitze der Auster. Dabei wird der Schließmuskel durchgeschnitten, und Sie können die Auster öffnen.
- Richten Sie die Austern auf Eis, auf eine Austerplatte mit Vertiefungen oder auf Meeralgen (Salicornes) an. Sie sollen so eingebettet sein, daß die Flüssigkeit in der Schale bleibt. Die Beilagen wurden schon im Abschnitt *So serviert man das* aufgeführt.

Kenner behaupten, daß man das Austernwasser ruhig abgießen kann, weil sich in einer halben Stunde neues bildet, das geschmacklich besser ist.

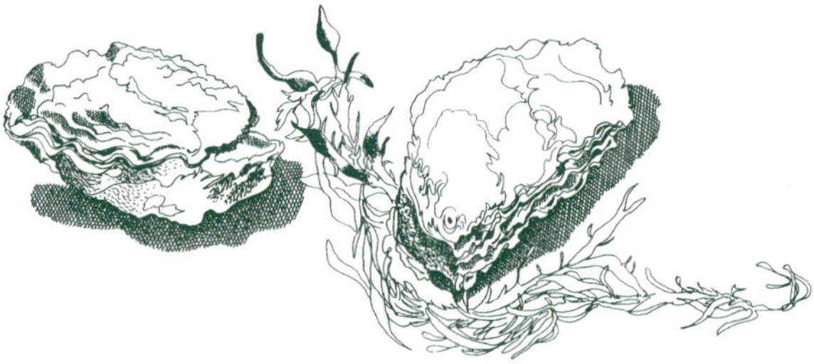

Der Kauf von Austern ist Vertrauenssache. Frische Austern sind vollkommen verschlossen und hart aufzubrechen. Sie können mit der tieferen Schale nach unten etwa 5 – 7 Tage bei Temperaturen von 1 – 7°C aufbewahrt werden. Bei etwa 4°C gefrieren sie leicht, deshalb sollte man sie einige Zeit vor dem Verzehr aus dem Kühlschrank nehmen. Sofort nach dem Kauf schmecken sie allerdings am allerbesten.
Man rechnet sechs bis zwölf Austern pro Person. Es gibt aber „Fans", die drei Dutzend und mehr essen. Warum? Austern gelten als Aphrodisiakum!

Getränkeempfehlung:

Champagner oder Sekt, Chardonnay, weiße Burgunder wie Chablis, Pouilly Fuissé oder Sancerre (Loire).

Garnele

crevette / Shrimp / gambarello /langostino/gamba

Garnelen gibt es in allen Größen – von der kleinen Sandgarnele bis zur sogenannten Riesengarnele. Die Garnelen werden im Handel nach ihrer Größe mit Nummern versehen.

Bezüglich der Namen herrscht oft Unklarheit. Je nach Meer und oft auch nach Gegend werden sie mit anderen Bezeichnungen versehen. In der englischen Sprache verwechselt man oft prawns und shrimps, in Italien heißt der gambarello oft gambaro oder gambaretto. In Spanien werden Garnelen merkwürdigerweise Langostinos genannt, was uns an die Langoustines (s. Kaisergranat, S. 34) erinnert, die Scheren haben. Gambas heißen in diesem Land die tiefroten, großen Garnelen, die man bei uns oft als carabinieros und unter anderen Bezeichnungen verkauft.

So serviert man das

Garnelen in der Kruste werden meist gekocht oder gegrillt serviert. Man ißt sie mit der Hand, sofern eine Fingerbowle auf dem Tisch steht. Oder wenn man sich in einer rustikalen Kneipe oder einem einfachen Strandrestaurant befindet.

So ißt man das

Fassen Sie den Kopf der Garnele mit der linken Hand, brechen Sie ihn ab und ziehen Sie das Fleisch aus dem Panzer.
Bei großen Garnelen geht das nicht immer ohne weiteres. Dann muß man seitlich die Bauchdecke aufbrechen und das Fleisch herauslösen. Diese großen Garnelen ißt man dann meistens mit dem Vorspeisenbesteck. Das Fischmesser eignet sich nicht, um dieses feste Fleisch zu schneiden.
Achten Sie darauf, daß der Darm (schwarzer Faden auf der Oberseite) entfernt wird. Anderenfalls können Sie ihn mit dem Finger oder einer Gabel vorsichtig herausziehen. Manchmal muß man dazu den Garnelenschwanz etwas einschneiden.

Tips für zu Hause

Machen Sie es wie in Frankreich. Wenn Sie auf der Karte lesen: Bouquet rosé, dann sind das kleine rosa Crevetten. Diese werden im Sud gekocht und im Abtropfsieb mitsamt der Zwiebel und dem Lorbeerblatt aus dem Sud auf den Tisch gebracht. So sind sie noch lauwarm und schmecken am allerbesten. Ist dies nicht möglich, dann beherzigen Sie bitte trotzdem eins: Servieren Sie Garnelen nie eiskalt direkt aus dem Kühlschrank!

Jakobsmuscheln

coquille Saint-Jacques / scallop / pellegrina oder (conquilla di San Jacobo) / venera

Diese zarteste aller Muscheln mit der strahlenförmigen, schönen Schale ist ein Leckerbissen, nicht nur im Ausland, auch bei uns.

So serviert man das

Die Zubereitungen dieser Muschel sind sehr vielfältig. Im Restaurant serviert man sie meist ausgelöst als Salat, gebraten, gedämpft, mit Sauce, oft überbacken oder paniert. Dem Gast wird sie häufig in der unteren Schalenhälfte präsentiert.

So ißt man das

Dieses Muschelfleisch ist so zart, daß man es ohne Mühe mit der Fischgabel essen kann. Ein Gourmetlöffel ist die Ergänzung, wenn es sich um ein Saucengericht handelt. Hängt noch der rötliche Rogen,

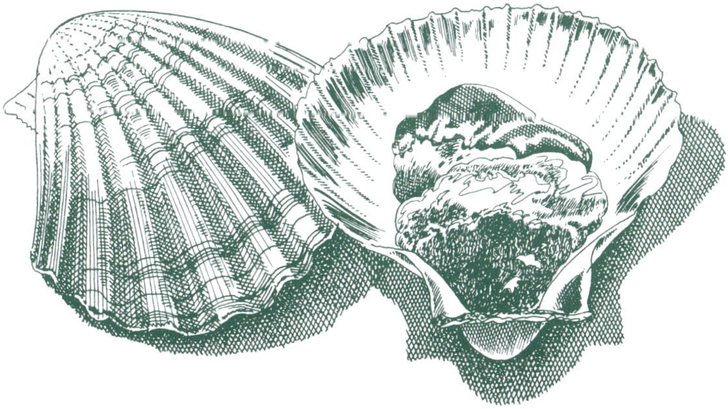

Corail genannt, daran, muß man ihn allerdings mit einem Messer abtrennen. Der Rogen hat einen ausgeprägten Muschelgeschmack, der nicht bei allen Menschen beliebt ist. In diesem Fall läßt man den Corail einfach im Teller liegen.

Tips für zu Hause

Jakobsmuscheln können frisch mit Schale oder bereits ausgelöst und vakuumverpackt im Beutel oder in einer Milch-Salzlake gekauft werden. In der Lake bleiben die Muscheln im Kühlschrank einige Tage frisch.
Wer Muscheln in der Schale kauft, muß wissen, wie man sie öffnet. So geht man dabei vor:

- Man hält die Muschel mit einem Tuch fest und sucht mit einem mittelgroßen Küchenmesser dem Schalenrand entlang eine Öffnung.
- Dort wird das Messer etwas eingeschoben.
- Sobald sich die Muschel öffnet, hält man sie mit dem Daumen ein wenig auseinander und fährt mit dem Messer weiter, um den Schließmuskel zu durchtrennen.
- Danach hebt man die obere Schalenhälfte ab und löst das Muskelfleisch aus der unteren Schale ab.
- Die „Nuß" und den Rogen putzt man, indem man sie von den grauen Teilen befreit und den noch verbleibenden Muskel abschneidet.
- Ist der Rogen unerwünscht, löst man ihn mit dem Messer ebenfalls von der Nuß ab.

Nun kommt noch etwas sehr Wichtiges: Gleich welche Zubereitungsart gewählt wird - das zarte Muschelfleisch darf nur ganz kurz auf den Punkt gegart und nie in einer Flüssigkeit gekocht werden, sonst wird es trocken und hart!
Die schönen Schalen kann man für die Zubereitung von kleinen Gratins aufbewahren.

Getränke-empfehlung

Trockene Weißweine, z.B. Chablis, Chassagnes, Graves, Pino bianco.

Die Jakobsmuschel verdankt ihren Namen dem Apostel Jakob, der im ersten Jahrhundert unserer Zeitrechnung in Rom geköpft wurde. Sein Körper wurde, so sagt es die Legende, an der Atlantikküste angeschwemmt, wobei er über und über von Muscheln bedeckt war. Sein Grab ist in Compostela, das in der Folge Santiago de Compostela hieß und sich zu einem der berühmtesten Pilgerorte der Christenheit entwickelte. Die Jakobsmuscheln wurden zu einem Wahrzeichen der Stadt und auch der Pilger, denn die steckten sich Muscheln an ihr Gewand, damit man sie als Wallfahrer erkennen konnte. Noch heute sieht man dieses Symbol auf dem ganzen Pilgerweg von der französischen Grenze bis nach Santiago de Compostela

Kaisergranat

langoustine / prawn / scampo / cigala

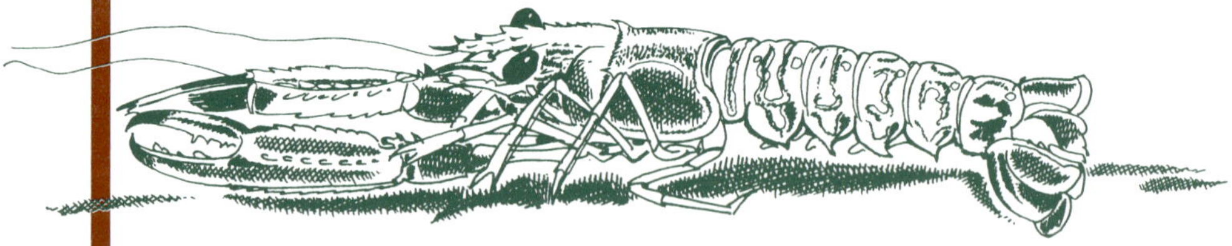

Diese Krustentiere haben kleine Scheren und eine festere Kruste als Garnelen (Krevetten).

So serviert man das

Im Prinzip wird ähnlich verfahren wie bei den Garnelen (s. Seite 29).

So ißt man das

Wie die Garnelen ißt man die Langoustines mit den Fingern. Weil die Kruste härter ist, kommt man nicht so leicht an das Fleisch heran. Um die Bauchdecke seitlich zu öffnen, muß man besonders bei großen Exemplaren mit Messer und Gabel nachhelfen.

Tips für zu Hause

Frischer Kaisergranat ist sehr leicht verderblich, und zwar vor allem der Kopf. Deshalb muß er so frisch wie möglich gegessen werden. Außerdem sind frische Langoustines natürlich viel aromatischer als tiefgekühlte, obwohl sie die Kälte weit besser ertragen als Hummer oder Langusten.

Getränkeempfehlung

Muscadet, trockene badische Weißweine, Mâcon, trockener Bergerac.

Kaviar

caviar / caviar /
caviale / caviar

Echter Kaviar wird aus dem Rogen der Störe gewonnen. Es gibt verschiedene Sorten dieses kostbaren Produktes, über die Sie auf den Originaldosen informiert werden:

❧ Beluga = größtes Korn von der größten Störart

❧ Osetr, auch osciètre genannt = großes Korn von einem mittelgroßen Stör

❧ Sevruga = mit kleinem, zartem Korn von einer kleineren Störart. Das Wort malossol, welches auf der Etikette steht, bedeutet mild gesalzen.

Kaviar stammt hauptsächlich aus Rußland. Aber auch Persien liefert hervorragenden Kaviar, der heller in der Farbe ist und von Kennern besonders geschätzt wird. Deutscher und auch dänischer Kaviar ist gefärbt und stammt von Seehasenrogen. Er wird nicht pur serviert, sondern für Garnituren verwendet.

So serviert man das

Kaviar wird in der Originaldose auf gestoßenem Eis präsentiert. Geschöpft wird er mit einem Spatel oder Löffelchen aus Perlmutt, Horn oder Schildpatt. Er darf nicht mit Metall oder Silber in Berührung kommen. Kaviar schmeckt am besten „pur". Zitrone oder Zwiebeln beeinträchtigen seinen unvergleichlichen Geschmack. Dazu kann man Blini reichen, das sind kleine russische Plinsen aus Weiß- oder Buchweizenmehl, eventuell auch Toast und etwas Crème fraîche - aber nichts anderes mehr!

So ißt man das

Man schöpft aus der Dose etwas Kaviar auf den Teller und ißt ihn mit einem Perlmutt- oder einem glasfarbenen Eierlöffel. Oder er wird auf Blini gelegt und nach Belieben mit einem Klacks Crème fraiche garniert.

Unverschämt gut schmeckt Kaviar auch zum Apéritif auf kleinen, in der Schale gegarten, halbierten Kartoffeln. So aßen ihn bereits russische Fürsten in der Zarenzeit, wenn sie über Land fuhren. Die Bauern mußten die Kartoffeln spendieren und kochen. Den Kaviar brachten die Herren mit.

Tips für zu Hause

Es gibt außer frischem auch pasteurisierten Kaviar zu kaufen. Dieser ist im Kühlschrank ungeöffnet etwa sechs Monate haltbar. Frischer Kaviar schmeckt am allerbesten, ist aber nur begrenzt haltbar (ca. 8 – 10 Tage im Kühlschrank und bei -2°C etwa 3 Wochen). Der Inhalt von angebrochenen Gläsern oder Dosen muß binnen wenigen Tagen aufgegessen werden.

Getränkeempfehlung

Champagner oder Sekt (evtl. Krimsekt) und Wodka.

Krebse

écrevisses / crayfishs / gamberi di fiume / cangrejos de rio

Süßwasserkrebse sind kurzleibige Krustentiere mit spitzem Kopf und fünf Paar Füßchen, von denen zwei mit Zangen versehen sind.

Es gibt zwei Sorten Krebse: mit weißen und mit roten Füßen. Die weißfüßigen sind kleiner, die rotfüßigen nicht allein größer, sondern auch fleischiger. Diese findet man in unseren Breitengraden, je nach Gegend, von April bis September. Es gibt sie vor allem in Bächen und kleinen Seen, in denen sie auch ausgesetzt werden. Nachdem sie bei uns rar geworden sind, werden die meisten Krebse heute lebend importiert. In Bassins können sie einige Zeit lebend gehalten werden.

Das Fleisch der Krebse ist etwas süßlicher als jenes der Garnelen (Crevetten) oder Scampi, aber auch aromatischer.

So serviert man das

Ein Krebsessen ist für Liebhaber ein Ereignis und ein großes Vergnügen. Sie schätzen vor allem die einfachste Art der Zubereitung, weil sie Krebse pur genießen wollen. Deshalb werden sie meistens à la nage, d.h. im Sud gekocht und nur abgetropft mit Fingerbowlen serviert.
Weil es beim Zerlegen der Krebse gerne spitzt, bindet man dem Gast einen roten Latz oder eine große Serviette um, um die häßlichen roten Flecken zu verhüten. Auch ist deshalb ein rotes Tischtuch zu empfehlen.
Zum Service gehören:

- Fingerbowlen
- Krebsmesserchen, welche an der Klinge ein Loch aufweisen, sowie

*zweizinkige schmale Spezialgabeln, die an einem Ende einen kleinen Löffel haben.

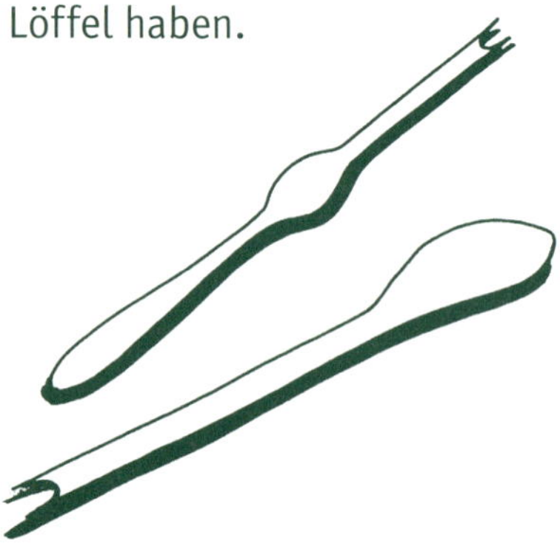

Krebse ißt man mit Weißbrot (Baguette) oder Vollkornbrot mit Butter. Manchmal werden zerlassene Butter oder Dillspitzen dazugericht.

So ißt man das

Wenn die Krebse im Kochtopf auf den Tisch kommen, schöpft man kleine Portionen auf seinen Teller. Und so zerlegt man sie:

- Zuerst dreht man den Krebsschwanz aus dem Brustpanzer.

❧ Danach nimmt man das Krebsmesser zur Hand und knackt damit die Schale und die Spitzen der Scheren auf.

❧ Mit der Krebsgabel holt man das Fleisch heraus, welches man mit der Fischgabel oder einfach mit den Fingern zum Munde führt.

Bei routinierten Krebsessern geht es fast ohne Besteck zu. Sie „zuzeln" die Brustpanzer und die Beine einfach aus, denn beim Krebsessen darf man schlürfen und schmatzen.

Tips für zu Hause

Pro Person rechnet man acht bis zehn Krebse, die lebend gekocht werden müssen. Im Sud serviert, bleiben sie schön heiß. Werfen Sie die Krebsschalen nicht weg! Sie ergeben eine hervorragende Krebssuppe, -sauce oder -butter.

Getränkeempfehlung

Frankenwein, Mosel (wenn nicht zu lieblich), Elsässer Riesling, Pinot grigio (Friaul).

Krebse im Dillsud sind das Nationalgericht zur Sonnenwende in Schweden und in anderen nordischen Ländern. Meistens kochen die Nordländer die Krebse bereits am Vorabend, lassen sie im Sud erkalten und servieren sie kalt mit Dill. Wenn Sie diese Art probieren wollen, nehmen Sie die Krebse etwa 30 Minuten vor dem Servieren aus dem Kühlschrank, denn eiskalt kommt ihr Aroma zu wenig zur Geltung. Dazu gehört unbedingt ein Glas Aquavit.

Languste
langouste / crawfish / aragosta / langosta

Hummer
homard / lobster / astice / bogavante

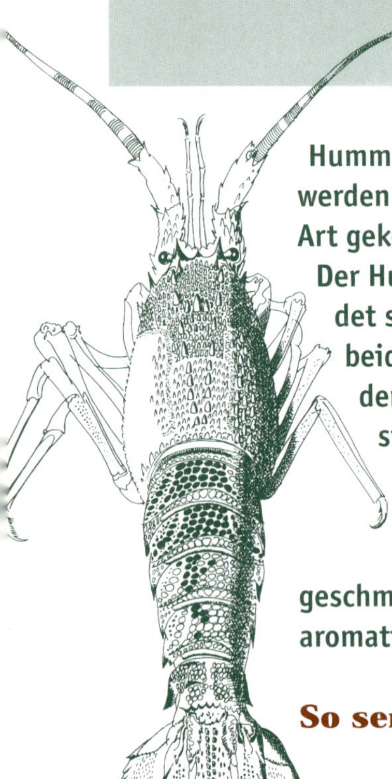

Hummer und Langusten werden meist auf gleiche Art gekocht und serviert. Der Hummer unterscheidet sich durch seine beiden Scheren von der Languste. Sie hat stattdessen lange Fühler hat, und außerdem ist ihr Fleisch geschmacklich feiner und aromatischer.

So serviert man das

In der Regel werden Hummer und Langusten frisch gekocht und längs halbiert dem Gast vorgesetzt. Meistens sind die Scheren beim Hummer bereits angeknackt und das Fleisch von der Schale schon etwas gelöst. Wenn nicht, gehört nebst der Hummergabel noch eine Hummerzange dazu. Beilagesaucen werden separat gereicht. Zum Service gehört eine Fingerbowle.

So ißt man das

❧ Man hält das Schwanzende mit der linken Hand fest, sticht mit der Gabel hinein und zieht das Fleisch aus der Kruste.

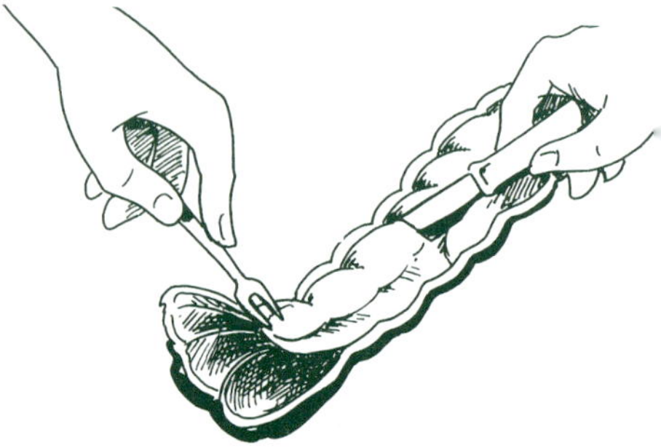

❧ Dann schneidet man mit Messer und Gabel leicht schräge Scheiben ab und ißt sie mit dem Vorspeisenbesteck.

❧ Die Scheren des Hummers knackt man mit der Hummerzange auf, falls dies nicht bereits gemacht wurde, und löst das Fleisch mit der Gabel heraus.

❧ Die Beine des Hummers (und auch der Languste) bricht man mit den Händen oder knackt sie mit der Hummerzange, wenn sie zu hart sind, und holt das Fleisch mit der Hummergabel heraus.

Und wie steht es mit dem Rest? Der Magen, der wie ein kleiner Sack aussieht und sich beim Kopf befindet, sowie der Gallensack und der Darm (dunkler Faden) werden entfernt. Die rote Hummerbutter oder der Rogen der Languste und das „Meergrün" werden ausgelöffelt. Das lassen die meisten Leute liegen. Es wird aber von Kennern sehr geschätzt und oft auch den Beilagesaucen beigemischt.

Getränke-empfehlung

Zu Hummer und Langusten nature passen Champagner, Sekt, Chassagne-Montrachet, Pernand-Vergelesses, Meursault, Kalifornischer Chardonnay.

Hummer und Langusten sind heute das ganze Jahr hindurch erhältlich. Sehr oft werden sie in Bassins gehalten. Darin leben die Tiere von der Substanz und nehmen an Gewicht ab. Am allerbesten sollen sie von Mai bis September sein. Tiefgekühlte Hummer und Langusten sind nicht sehr empfehlenswert. Sie sind meist fasrig, trocken und fade im Geschmack – im Gegensatz zu Garnelen und Scampi, die das Tiefkühlen besser vertragen, solange sie in ihren Schalen belassen werden.

Muscheln
coquillages / mussels / conchiglias /mariscos

Die Miesmuschel ist wohl die bekannteste und beliebteste ihrer Art.

So serviert man das

Miesmuscheln werden vielfach im Sud aufgekocht serviert. Sie kommen entweder im Suppentopf oder in Suppenteller verteilt auf den Tisch. Beide Schalenhälften sind noch dabei. Dazu wird Baguette oder Vollkornbrot serviert. Andere Zutaten sind überflüssig.

So ißt man das

Man faßt sie mit den Fingern, trennt die beiden Schalen etwas auseinander und benutzt eine leere Schale als Zange, um mit ihr die Muscheln aus den anderen Schalen herauszuziehen.
Die leeren Schalen legt man auf einen bereitstehenden Abfallteller. Je nach Art der Zubereitung bleibt zum Schluß etwas Kochsaft oder Sud zurück. Den löffelt man aus.

Bekommt man gefüllte Muscheln, die meistens in einer Schalenhälfte liegen, ißt man sie mit einer Vorspeisengabel oder löst sie damit und gießt sie, falls eine Sauce dabei ist, in einen Suppenlöffel. Miesmuscheln sollte man nie roh essen!

Tips für zu Hause

Lebende Miesmuscheln öffnen und schließen ihre Schalen durch Temperatureinflüsse oder bloße Berührung. Sie werden ganz kurz aufgekocht, bis sich die Schalen richtig geöffnet haben. Geschlossene Muscheln muß man wegwerfen.
Kleine Muscheln wie Vongole, Teppichmuscheln, Sandklaffmuscheln und wie sie alle heißen, sollten vor dem Kochen gewässert werden, damit der Sand, der sich in den Schalen befindet, entfernt wird. Muscheln, die man aus den

Es gibt verschiedene Miesmuscheln:
* kleine aus der Gegend von Sète, wo sie in den Binnenseen gezüchtet werden oder
* die ebenfallls kleinen Moules de Bouchot (Pfahlmuscheln), die als die besten gelten, dann
* größere orange-farbene und fleischige aus Spanien, und
* neuestens kommen riesengroße, grünfarbene Muscheln aus Neuseeland zu uns.

Dann gibt es eine ganze Menge von kleinen Muscheln wie etwa die herrlichen Vongole, die man mit Spaghetti zubereitet. Aus Zeitgründen und weil es so Sitte ist, werden diese mit den Schalen im Gericht serviert. Man faßt die Muschel mit der linken Hand und löst sie mit der Gabel aus der Schale, um sie mit den Spaghetti zu mischen.

Schalen nimmt und die nicht sofort angerichtet werden, sollte man bis zur Weiterverwendung mit Kochsud begießen, damit sie nicht austrocknen.

Getränkeempfehlung

Weißwein aus dem Languedoc, z.B. Vin des Sables (gelblicher Rosé), Rosé aus der Provence, Tavel oder Côtes de Provence oder, wie in Belgien, ein gutes Bier.

Nordseekrabben (Sandgarnelen) / crevettes grises / common shrimps / gamba retto grigio / camarónes

Diese kleinen grauen Garnelen sind eine Delikatesse, die einmalig im Geschmack ist. Allerdings braucht es eine Anleitung zum Auspulen dieser kleinen Dinger!

So serviert man das

Meistens werden diese Krabben frisch gekocht und zusammen mit Dillkartoffeln als Vorspeise serviert. In Strandnähe kann man sie oft bereits geschält kaufen. In belgischen Restaurants reicht man sie mit Mayonnaise gemischt und in Tomaten eingefüllt.

So ißt man das

Man zieht Kopf und Rumpf auseinander und das Krabbenfleisch heraus. Mit etwas Übung geht das blitzschnell. Selbstverständlich ißt man sie mit der Hand. Sie sind so gut im Geschmack, daß es schade ist, wenn man sie mit Mayonnaise serviert.

An der belgischen Küste kann man als Attraktion sehen, wie die Fischer die Krabbennetze mit dem Pferd aus dem Meer holen.

Schnecken

escargots / snails / lumache / caracoles

Wer kennt sie nicht, die hervorragenden, fleischigen Schnecken aus dem Burgund? Früher wurden sie nur von armen Leuten gegessen, welche sie zwischen den Rebstöcken sammelten. Die Mönche der naheliegenden Klöster machten aus dieser Not eine Tugend. Sie aßen Schnecken in der strengen Fastenzeit und mästeten sie vor der Zubereitung mit Kräutern und Milch im Klostergarten.

Ihnen verdanken wir auch das Rezept für die raffinierte Kräuterbutter, die aus Schnecken eine Delikatesse macht.

So serviert man das

Schnecken kommen noch brutzelnd auf einer Schneckenpfanne mit sechs oder zwölf Vertiefungen auf den Tisch. Dazu gehören eine Schneckenzange und eine kleine spezielle Gabel. Damit die Schnecken heiß bleiben, kann man sie auf einem Stövchen servieren.

So ißt man das

❧ Man hält die Schneckenzange mit der linken oder rechten Hand und faßt damit eine Schnecke möglichst waagrecht, damit die Butter nicht aus dem Häuschen läuft.

❧ Mit der anderen Hand holt man die Schnecke aus

dem Häuschen und führt sie zum Mund.

❧ Man kann die Butter in einen Suppenlöffel gießen und mit der Schnecke zum Mund führen. Oder man gießt sie auf ein Stück Baguette.

Tips für zu Hause

Sollten Sie keine Schneckenpfännchen haben, belegen Sie eine Gratinplatte mit einer Salzschicht, und drücken Sie die Schnecken so hinein, daß die Schneckenbutter beim Backen nicht herauslaufen kann. Schieben Sie die Platte in den Ofen, bis die Butter brutzelt.

Im Handel gibt es bereits vorbereitete Schnecken in Dosen mit den dazugehörenden Häuschen. Man füllt die Häuschen mit Kräuterbutter auf und streicht sie glatt.
Im Delikateßgeschäft gibt es fix und fertig gefüllte Schnecken.

Getränkeempfehlung

Riesling-Silvaner, Gewürztraminer oder Roséwein.

In Spanien werden Schnecken auf einfache Art im Häuschen gekocht und mit einer Schokoladen-Knoblauchsauce serviert. Erschrecken Sie nicht, es schmeckt ganz gut!

Der König aller Weine: CHAMPAGNER

champagne / champagne / sciampagna / champana

Die Bezeichnung Champagner darf nur für Wein verwendet werden, der in der *Champagne* (Frankreich) nach der *méthode champenoise* hergestellt ist. Es gibt aber auch hervorragende Schaumweine, die nach derselben Methode hergestellt werden, z.B. *Sekt* in Deutschland, *Prosecco* in Italien und der aus dem erwähnten Grund umgetaufte *cava* in Spanien. Im Service werden alle gleich behandelt.

So serviert man das

Früher ließ man den Korken knallen. Heute wird Champagner diskret geöffnet. Präsentiert wird die Flasche im Weinkühler, welcher halbhoch mit zerstoßenem Eis gefüllt wird. Der Kellner hebt die Flasche heraus und zeigt dem Gast das Etikett, damit der sich überzeugen kann, daß seine Bestellung richtig ausgeführt wurde. Dann wird die Flasche mit Hilfe einer Serviette sanft entkorkt:

- Den Draht am Korken vorsichtig lösen und entfernen. Dabei den Korken noch festhalten, damit er nicht von selbst „wegfliegt".
- Die Flasche leicht schräg mit einer Serviette in eine Hand nehmen, die andere Hand am Flaschenhals halten und den Daumen auf den Korken drücken.

❧ Die Flasche leicht drehen, damit der Zapfen gelöst werden kann.

❧ Den Korken entfernen und etwas Champagner in ein bereitgestelltes Glas geben. Nach und nach alle Gläser halbhoch füllen, so daß kein Schaum überlauft.

Bevorzugt werden heute hohe, schmale Kelche, flûtes, die Schalen (coupes) sind nicht mehr „in“. Die ideale Servicetemperatur liegt zwischen acht und zehn Grad. Roséchampagner darf um etwa zwei Grad wärmer sein.

So wird das getrunken

Champagner und Schaumweine genießt man wie Wein, also schluckweise. Beim Nippen kommen diese Getränke nicht voll zur Geltung.

Tips für zu Hause

Champagner beim Tragen nicht schütteln, sonst läuft der Schaum beim Einschenken über! Obwohl es nicht sehr empfehlenswert ist, darf man zu Hause den Champagner im Kühlschrank vorkühlen, aber nicht länger als 24 Stunden.

Hingegen bitte nie im Tiefkühler schnellkühlen, einen solchen Schock hält dieses Getränk nicht aus! Das dürfen Sie bestenfalls mit einem einfachen Schaumwein machen.

Ideal ist die Kühlung im Weinkühler. Etwas Salz zum Eis geben und ab und zu die Flasche im Eis drehen. Champagnerkelche können im Kühlschrank vorgekühlt werden.

Feuilletés

feuilletés / puff pastry / pasta sfoglia / hojaldre (Blätterteiggebäck)

3. Was man aus Teig alles machen kann!

Unter dieser Bezeichnung versteht man Zubereitungen mit Blätterteig in Form von Kissen oder Schnitten, die belegt oder gefüllt werden – pikant oder süß.
Dazu gehören zum Beispiel „tausendblättrige" Gebilde wie Millefeuilles, klassische Vol-au-vents, aufgeschnittene und gefüllte Blätterteigkissen, Pies oder Teigdeckel auf einer Suppe.

So serviert man das

Der Blätterteig sollte von bester Qualität sein und vor allem direkt aus dem Ofen kommen. Wenn er mit einer warmen Füllung belegt oder gefüllt wird, darf man dies erst im allerletzten Moment vornehmen, damit der Teig knusprig bleibt. Matschiger Blätterteig ist eine kulinarische Katastrophe!

So ißt man das

Richtig gebackener Blätterteig ist sehr zart und bröselt gern. Man ißt ihn mit der Gabel. Der Gebrauch eines Messers ist verpönt und außerdem vollkommen überflüssig. Mehrstöckige Blätterteiggebilde und kleine, gefüllte Hohlpasteten müssen leider zerstört werden, um sie genießen zu können.

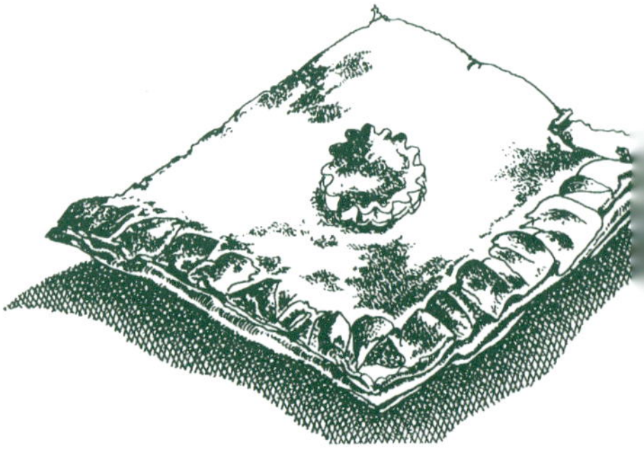

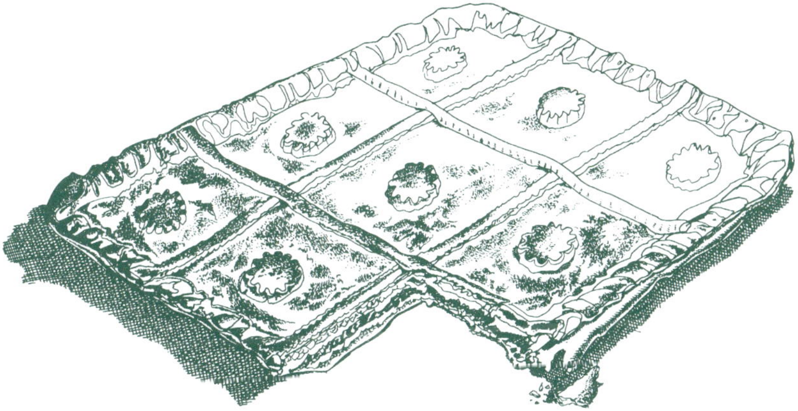

Blätterteigdeckel auf einer Suppe sticht man mit der Löffelspitze ein, wobei ein Teil des Teiges in die Suppe fällt. Man löffelt die Suppe durch das entstandene Loch aus und nimmt von Zeit zu Zeit etwas vom Teigrand mit.
Wer den Teig lieber nicht essen möchte, kann ihn mit Löffel und Vorspeisengabel abheben und auf den Unterteller legen.

Getränke-empfehlung

Das Getränk muß auf die Füllung des Gerichtes abgestimmt werden.

Pasteten

pâté en croûte / pie / pâté / pasticcio / empanada/pâté

„Pasteten" heißen im deutschen Sprachraum sowohl

- **Erzeugnisse, die im Teig gebacken werden, als auch**
- **solche, die man in Speck gewickelt und gebacken oder**
- **in einer Terrine gegart hat.**

In der französischen Küche und auch in anderen Ländern unterscheidet man diese Zubereitungen. So ist eine Pastete ohne Teig in Frankreich ein pâté oder eine terrine. Letztere wird nach dem Gefäß, in welchem sie gekocht wird, benannt.

So serviert man das

Teigpasteten werden nach dem Erkalten meist mit

Gelee (Sülze) ausgegossen und kalt in Scheiben geschnitten serviert. Meist gibt es eine leicht süßliche Sauce dazu, z.B. die klassische Cumberlandsauce oder neue Kreationen. Auch eine Pastete ohne Teig wird geschnitten serviert. Eine Terrine bringt man in der Regel, vor allem in der Westschweiz und in Frankreich, im Gefäß auf den Tisch und schneidet daraus Scheiben. Wenn der Inhalt weich ist, wie z.B. bei einer Geflügelleberterrine, kann man mit einem in Wasser getauchten Löffel eierförmige Kugeln abziehen.

So ißt man das

❧ Pasteten in Teigkrusten und mit fester Füllung ißt man mit Messer und Gabel des Vorspeisenbestecks.
❧ Pasteten ohne Kruste oder Terrinen ißt man nur mit der Gabel, wobei etwas Brot als Schieber dienen kann.
❧ Handelt es sich um eine streichfähige Masse, streicht man mit dem Messer mundgerechte Portionen auf ein kleines Stück Brot und führt dieses mit der Hand zum Mund.
❧ Warme Pasteten im Teig, z. B. aus Blätterteig mit weicher Füllung, ißt man nur mit der Gabel.

Getränkeempfehlung

Die Wahl eines Getränkes hängt sehr von der Füllung der Pastete ab. Ohne fehlzugehen, kann man sich an einen guten Bordeaux oder Burgunder halten.

Es ist erstaunlich, was unter dieser Bezeichnung alles angeboten wird. Von spärlichen Zutaten auf kartonartigem Teigboden bis zum undefinierbaren Belag auf matschigem Teig gibt es alles. Hat sie aber der Pizzaiolo nach allen Regeln der Kunst und mit Liebe zubereitet, hat sie einen knusprigen, dünnen Boden und ist mit klassischen, guten Zutaten belegt.

So serviert man das

Praktisch in jeder Pizzeria ist die Pizza für eine Portion zu groß. Am besten bestellt man eine Pizza für zwei oder - wenn mehrere Personen am Tisch sind - verschiedene Sorten, die man in Kuchenstücke teilen kann. Beim guten „Italiener" stehen außerdem ein Fläschchen mit pikantem Olivenöl und eine Pfeffermühle auf dem Tisch.

So ißt man das

Schneiden Sie die Pizza mit dem Messer in Kuchenstücke, beträufeln Sie sie nach Belieben mit dem pikanten Öl, und geben Sie etwas Pfeffer darüber. Dann dürfen Sie herzhaft am Teigrand anfassen und mit der Hand essen.

Getränkeempfehlung

Italienischer Rotwein.

QUICHE LORRAINE

und andere pikante Kuchen / spicy tarts / torte piccante / tartas picantes

Kuchen mit Zwiebeln, Speck, Schinken, Fisch oder anderen Zutaten mit Eierguß nennt man in der Gastronomie Quiche. Das Wort stammt von der sehr bekannten Spezialität aus Lothringen, der quiche lorraine. Quiches werden sowohl in Kuchengrößen oder als Kleinportionen angeboten, oft als Vorspeise oder auch als kleiner Imbiß zwischen den Mahlzeiten.

So ißt man das

Als Vorspeise im gepflegten Restaurant verwendet man Vorspeisengabel und -messer, ob die Quiche nun in der Form von Kuchenstücken oder runden Küchlein serviert wird. Mini-Portionen zum Apéritif oder auch im rustikalen Lokal ißt man einfach mit der Hand. So schmeckt die Quiche am allerbesten.

Getränkeempfehlung:

Leichter Weißwein oder Apfelwein. Spezielle Weine wählt man abgestimmt auf die Hauptzutaten:

- Speck und Zwiebeln: Elsässer Pinot blanc oder leichter Rotwein
- Fisch und Meeresfrüchte: Chardonnay oder Rosé
- Gemüse oder Zwiebeln mit Käse: Fendant, Müller-Thurgau

Tip für zu Hause

Quiches müssen immer warm serviert werden, damit sie wirklich schmecken. Dasselbe gilt auch für die Pizza.

Spaghetti

spaghetti / spaghetti / spaghetti / espagetti

Das korrekte Essen von Spaghetti will geübt sein! Insbesondere beim Essen im Restaurant möchte man mit diesen langen Dingern auf möglichst ästhetische Art fertigwerden.

So ißt man das

Übung macht den Meister. Dazu haben Sie zu Hause reichlich Gelegenheit. Beginnen Sie mit Spaghetti ohne Sauce, nur mit Butterflocken und Käse oder mit wenig Olivenöl, damit sie nicht kleben.
In Italien mischt man sie mit zwei Gabeln.
❧ Fassen Sie danach einige Spaghetti mit der Gabel, und drehen Sie sie so herum, das sich die Spaghetti daran aufwickeln. Am besten geht es, wenn Sie bei den ersten Versuchen die Gabel so halten, daß die Zinken den Tellerboden oder -rand berühren. Mit der Zeit geht es dann auch ohne Abstellen.

❧ Achten Sie darauf, daß Sie nicht zu viele Spaghetti auf einmal aufgabeln und daß keine allzu langen Nudeln herunterhängen, wenn Sie die Gabel leicht schräg zum Munde führen.
❧ Etwas komplizierter wird dieses Kunststück, wenn die Spaghetti mit einer Sauce gemischt sind, vor allem mit Tomatensauce.

Dann stecken Sie einfach kühn die Serviette in Ihren Kragen oder Ausschnitt, und zwar auch im Restaurant, damit Sie keine fatalen Flecken auf Kleider und Tischtuch hinterlassen.

Sollten Sie mit dem Aufwickeln zu große Mühe haben, nehmen Sie einen Suppenlöffel zur Hilfe. Italiener machen das allerdings nie. Verkleinern Sie auf jeden Fall nie die Spaghetti mit dem Messer oder mit dem Löffel. Das wäre gar nicht „comme il faut".

Getränkeempfehlung

Spaghetti mit Tomaten- oder Fleischsauce:
Merlot, Valpolicella, Chianti oder andere italienische Rotweine.
Spaghetti mit Vongole, Scampi, Fisch oder Spargel:
Gavi de Gavi, Pinot bianco, Pinot grigio.

Kürzlich habe ich gelesen, daß ein Restaurateur mit großem Erfolg Spaghettikurse für Kinder durchgeführt hat. Die Kleinen waren begeistert, unterhielten sich aufs beste und lernten erstaunlich schnell, wie man Spaghetti um die Gabel wickelt. Eine gute Idee für eine Kinderparty!

Die Cocktailparty

Zur Cocktailparty lädt man meist eine größere Gästezahl ein. Man serviert Drinks und reicht pikante Häppchen.
Fast immer handelt es sich um eine „Stehparty", das heißt: Mit der einen Hand hält man ein Glas, mit der anderen ißt man die Häppchen. Und da wäre noch die Handtasche. Und neue Gäste zum Begrüßen.
Und, und, und ...

Clevere Gastgeber besorgen zum Wohl ihrer Gäste deshalb spezielle Teller mit einer Halterung für das Weinglas. Für Longdrinks müssen nach wie vor genügend Abstellflächen vorhanden sein.

So ißt und trinkt man auf der Cocktailparty

❧ Cocktailhappen sollen mundgerecht geformt sein. Am besten reichen Sie zu einer Stehparty unproblematische Kleinigkeiten.

❧ Heiklere Gerichte werden auf Tellerchen mit Vorspeisegabeln serviert, oder in Löffeln, was jetzt „in" ist.

❧ Wenn man sich setzen kann und Abstellflächen hat, bereiten Sie Teller und Besteck vor.

❧ Cocktailparties und Apéros „im Stehen" sollten wirklich kurz gehalten werden, zum Wohle der Gäste.

Tip für zu Hause

Oliven servieren Sie in kleinen Schalen, am besten mit Stikkern zum Aufpicken. Es gibt hübsche Olivenschalen mit einem angefügten kleinen Behälter zum Auffangen der Steine.

So ißt man die hübschen Nichtigkeiten auf der Party

Oft gibt es bei solchen Anlässen wunderschön dekorierte, exotische Drinks mit Fruchtscheiben, Ananasfächern oder Oliven am Glasrand.
Ißt man nun diese Dekoration oder nicht? Gehen Sie nach dem Lustprinzip vor: Essen Sie die Dinger mit der Hand, oder legen Sie sie nach dem Austrinken zurück ins Glas.
Sinngemäß dasselbe gilt für die Oliven, die in Schalen angeboten werden.
Man spießt die Oliven auf und führt sie zum Mund. Sind keine Spießchen oder Zahnstocher da, nimmt man sie halt mit der Hand.
Die Steine werden diskret in die Hand und auf den Teller gegeben.

4. Hier darf jeder schlemmen

Gemüse ist so mannigfaltig, daß eigentlich der gesunde Menschenverstand und der Sinn für Ästhetik entscheiden muß.

So ißt man das

Ißt man Gemüse nun nur mit der Gabel oder auch mit dem Messer? Die Regel ist ganz einfach:

❧ Weiche Gemüse, welche mit der Gabel zerteilt werden können, benötigen kein Messer.

❧ Harte Gemüse wie Bohnen, Karotten, Schwarzwurzeln etc. muß man schneiden.

❧ Gemüse mit Röschen wie Blumenkohl, Broccoli und Romanesco, auch Rosenkohl werden mit Hilfe von etwas Brot oder dem Messer auf die Gabel geschoben und so gegessen. Diese aufzuspießen erscheint etwas „spießig"...

❧ Kartoffeln sollten eigentlich immer so gegart sein, daß man sie mühelos in jeder Form mit der Gabel essen kann. Das gilt auch für Kartoffelgratin, Pommes frites, etc.

Artischocke

artichaut / artichoke / carciofo / alcachofa

Wir kennen in unseren Breitengraden vor allem die großen, fleischigen Artischocken aus der Bretagne sowie mittelgroße unterschiedlicher Provenienz. Außerdem finden wir, leider nur selten, die sehr kleinen Exemplare aus den Mittelmeerländern, die man sozusagen im ganzen verspeisen kann.

So serviert man das

Große und mittelgroße Artischocken werden gekappt und gekocht und meist auf einem Spezialteller mit Saucenbehälter oder breitem Rand für das Ablegen der Abfälle präsentiert. Dazu gehört unweigerlich eine Fingerbowle. Gekochte Artischocken seviert man im allgemeinen mit Beilagesaucen wie Sauce hollandaise, Vinaigrette oder einer Frischkäsesauce mit Kräutern.

So ißt man das

❧ Man hält die Artischocke mit der linken Hand und zupft mit der rechten Hand von außen nach innen Blatt um Blatt heraus,

stippt es in die Sauce und führt es mit der Hand zum Mund.

❧ Mit den Zähnen zieht man den fleischigen Blatt-Teil ab und legt den Rest des Blatts an den Tellerrand.

❧ Kommt man in der Mitte zum sogenannten „Heu", entfernt man es durch Zupfen oder hilft mit dem Messer oder der Gabel des Vorspeisenbesteckes nach.

❧ Danach taucht man die Finger in die Bowle, trocknet sie ab und ißt genüßlich das Beste, den Artischockenboden, mit Messer und Gabel. Die abgeschnittenen Stücke taucht man mit der Gabel in die Sauce.

Die kleinen, zarten Artischocken aus den Mittelmeerländern werden zum Teil roh geraffelt und nur mariniert gegessen. Sie werden auch geschmort oder fritiert und können praktisch ohne Abfall mit Messer und Gabel verspeist werden. Dem bitteren Inhaltstoff der Artischocke, dem Cynarin, schreibt man eine schützende Wirkung auf Leber und Gallenblase zu.

Tips für zu Hause

Achten Sie bereits beim Kauf auf die Qualität der Artischocke. Ihre Blätter sollen dicht aufeinander liegen. Sind sie trocken, schwarz oder braun, dann hat die Artischocke zu lange herumgelegen und schmeckt bitter. Auch darf der Stiel keine schwarzen Punkte aufweisen. Eine wirklich frische Artischocke liegt schwer in der Hand, weil sie noch voller Saft ist.

Getränkeempfehlung

Trockener Weißwein, Roséwein.
Bei Vinaigrette als Beilage einfacher Landwein oder Mineralwasser.

Avocado
avocat / avocado / aquacate

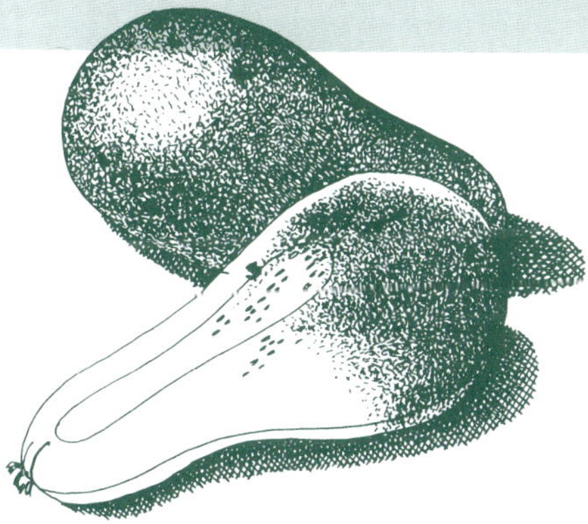

Avocados können in Größe, Form und Farbe je nach Saison und Herkunftsregion sehr variieren. Durchschnittlich wiegt eine Frucht etwa 300 g und hat eine feste, leicht genarbte Schale, die grünlich, braunrot bis lila ist. Im Innern befindet sich ein großer, harter Kern.

So serviert man das

Meist serviert man sie im Restaurant in Spalten geschnitten als Beilage zu Salaten, Geflügel oder Fisch. Oft kommen sie halbiert und gefüllt mit Avocado-Crevettencocktail oder ähnlichen Zubereitungen.

So ißt man das

Die Avocado wird meist halbiert und ohne Kern in der Schale präsentiert. Dann wird sie ausgelöffelt, wobei man die Frucht mit einer Hand festhält.

Tips für zu Hause

Achten Sie darauf, daß man Ihnen reife Avocados verkauft. Sollten sie noch hart sein, kann man sie in einer geschlossenem Plastiktüte zusammen mit einem Apfel etwas nachreifen lassen. Das sollte man unbedingt beachten, denn unreife Avocados schmecken nach nichts. Durch die Reife wird das Fruchtfleisch buttrig zart.

Zum Spaltenschneiden halbieren Sie die Frucht rund um den Kern, nehmen ihn durch eine Drehbewegung heraus und bestreichen die Schnittflächen nach dem Schälen mit Zitronensaft, damit sich das Fleisch nicht verfärbt.
Danach können Sie längs oder quer Scheiben schneiden, die man ebenfalls mit etwas Zitronensaft säuern muß.

Die aus Zentralamerika stammende Avocado wird vermehrt auch im Mittelmeerraum angebaut. Die feinsten Sorten kommen aus Israel zu uns.

Getränkeempfehlung

Ein kleines Glas Muskatwein paßt gut dazu.

Maiskolben

épi de maïs / corn ear / pannoccio di mais / mazorca de maíz

Ganzen Maiskolben begegnet man oft in spezialisierten Grillrestaurants mit mexikanischen oder südamerikanischen Spezialitäten, wo sie gern als Vorspeise oder Beilage gereicht werden.

So serviert man das

Die Maiskolben kommen frisch gekocht warm mit frischer Butter und Salz auf den Tisch.

So ißt man das

Meistens sind die Kolben beidseitig mit kleinen Griffen versehen, damit man sie mit der Hand essen kann. Man gibt Butterstücke und etwas Salz darauf, faßt den Kolben links und rechts mit den Händen und knabbert die Körner ab. Das ist in solchen Restaurants absolut „salonfähig“ und auch so vorgesehen.

Tip für zu Hause

In großen Lebensmittelabteilungen findet man tiefgekühlte Maiskolben, die man nur noch in Salzwasser kochen muß. Kleine Griffe zum Einstecken sind meistens dabei.

Salat

salade / salad / insalata / ensalada

An sich ist Salat ein einfaches Gericht. Bei Tisch aber birgt er einige Tücken.

So serviert man das

Salat war bis vor kurzem ein Stiefkind der Gastronomie. Noch heute serviert man ihn häufig mit irgendeiner anonymen Sauce übergossen, wenn möglich noch als Beilage zum Hauptgericht. Langsam geht man nun aber auch in einfacheren Restaurants dazu über, den Salat zu Beginn der Mahlzeit zu servieren. Meistens verlangt es der Gast auch so.

Seit man viele neue Öl-und Essigsorten kennt, pflegen und erheben gute Köche den Salat zu einer selbständigen Vorspeise und überraschen den Gast mit wunderschönen Kompositionen.

Auch kleine Vorspeisen werden gerne mit einem kleinen Salatbouquet garniert, welches aber leider oft wie Kaninchenfutter schmeckt, weil kein Tropfen Öl oder Essig daran ist.

Was man sich aber vermehrt noch wünschen könnte, wäre die Frage nach der gewünschten Salatsauce. Es sollte überall zum Service gehören, daß der Restaurantgast die von ihm bevorzugte Geschmacksrichtung angeben kann.

So ißt man das

Kopfsalat und andere zarte Blattsalate ißt man mit der Gabel. Große Blätter lassen sich damit oder mit Hilfe eines Brotstückes etwas zerzupfen. Das Messer braucht man nur für harte Gemüse wie z.B. Brüsseler Chicorée, grüne Bohnen, Blumenkohl, große Tomatenscheiben usw.
In südlichen Ländern, vor allem in Spanien, muß der Gast den Salat selber anmachen. Klassisch nimmt man einen Suppenlöffel, gibt etwas Salz und Essig hinein und beträufelt den Salat damit. Dann verteilt man kalt gepreßtes Olivenöl darüber und streut nach Belieben Pfeffer dazu.

Ganz neu auf dem Markt gibt es einen sehr attraktiven Essigzerstäuber, mit welchem zarte Salatblätter ganz diskret befeuchtet werden können.

Getränkeempfehlung:

Mineralwasser – denn Wein verträgt Essigsaucen nicht, mit Ausnahme von Aceto balsámico.

Oft wird zu Salat french dressing angeboten, eine weiße Sauce von unbestimmter Zusammensetzung, welche in Frankreich unbekannt ist. French ist für französische Salatsaucen eine Beleidigung!
In diesem Land gibt es wunderbare Variationen, die nur aus bestem Öl, etwas Dijonsenf, Weinessig, oft etwas Knoblauch oder Kräutern bestehen.

Spargel
asperges / asparagus / asparagos / esparragos

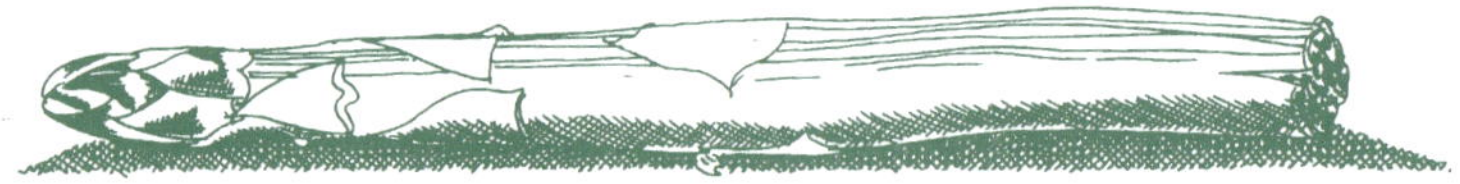

„Andere Länder, andere Sitten" läßt sich zu diesem Gemüse sagen, denn Beilagen zu Spargel können erstaunlich unterschiedlich sein.

So serviert man das

In Frankreich, Italien, Spanien und in der Schweiz wird Spargel gern mit den ausgezeichneten Rohschinken (s.S. 78) dieser Länder serviert. Beliebt sind auch verschiedene Saucen wie *Hollandaise* oder *Mayonnaise.* In Italien überbackt man die Stangenspitzen auch gern mit Käse, und in Holland streut man gehacktes Ei darüber.
In Deutschland gibt es zu Spargeln, die im ganzen serviert werden, traditionelle Beilagen wie die „Kratzete", Pfannkuchen, schwimmend ausgebackene Trichterküchlein und Salzkartoffeln.
Dazu kommt natürlich überall kleingeschnittener Spargel in Saucen, Risotto, Omeletts und allerlei neuen kreativen Gerichten auf den Tisch.

So ißt man das

Richtig genießerisch schmeckt Spargel am besten, wenn er mit der Hand gegessen wird. Mehr und mehr wird aber ganzer Spargel mit Messer und Gabel verspeist. Es wird behauptet, daß Messerklingen heute rostfrei und deshalb zweckmäßig sind. Aber gemütliches Schlem-

men ist schöner!
So wird das gemacht:

- Man faßt den Spargel am unteren Ende und taucht die Spitze in die Sauce.
- Nach dem ersten Bissen fährt man einfach so fort, bis der Spargel aufgegessen ist oder man allfällige holzige, fasrige Reste stehenläßt.

Die Empfehlung, den Spargel mit Hilfe der Gabel zum Munde zu führen, erübrigt sich heute, denn inzwischen haben doch die meisten Köche begriffen, daß man Gemüse nicht verkochen darf.
Gerichte mit bereits zerkleinertem Spargel ißt man hingegen mit der Gabel und schneidet die Stücke, wenn nötig, mit dem Messer.

Tips für zu Hause

Spargel sollte nach dem Kochen gut abgetropft serviert werden – besonders, wenn er mit Saucen gegessen wird.
Es gibt spezielle Spargelplatten mit gelöchertem Aufsatz, die sehr zweckmäßig sind. Man kann den Spargel aber auch auf einer mit einer Serviette belegten Platte servieren, die die Nässe aufnimmt.

Getränkeempfehlung:

Johannisberg, Riesling-Silvaner, Gewürztraminer, Fendant, Weißburgunder.

Unwiderstehliche Suppen

potages / soups / minestre / sopas

In der Regel löffelt man Suppen ohne Probleme einfach aus. Schwieriger wird es, wenn sie Einlagen enthalten, die mit dem Löffel nur mühsam aufgenommen werden können. In der Küche wird oft zu wenig überlegt, wie der Gast beim Essen mit den langen Gemüsestreifen, Vermicelli, Knödeln oder ganzen Brotscheiben fertig wird.

So ißt man das

Zu überbackenen Suppen mit Broteinlagen wie Pariser *Zwiebelsuppe* oder *Zuppa pavese* benötigt man außer dem Löffel noch eine Vorspeisengabel, mit welcher man die aufgeweichte Brotscheibe am Rand der Suppentasse zerkleinern kann. Lange Streifen in der Suppe können ebenfalls mit Hilfe der Gabel halbiert auf den Löffel gegeben werden. Große Knödel halbiert man mit dem Löffel auf dem Tassen- oder Tellerboden.

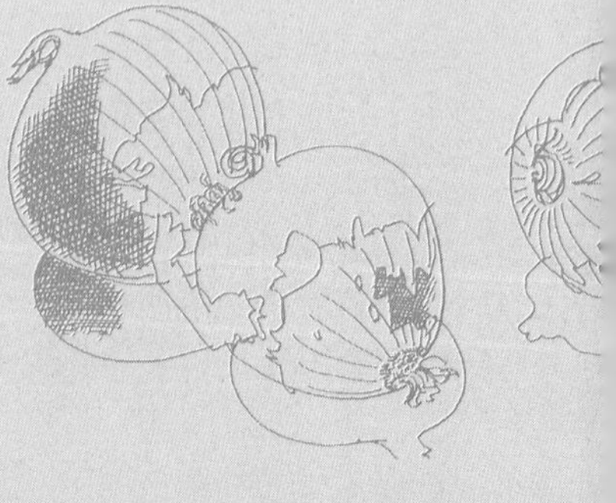

Vorspeisensüppchen, die in kleinen Henkeltassen serviert werden, darf man ohne weiteres wie Tee austrinken.

Tips für zu Hause

Machen Sie es besser, und zerkleinern Sie die Einlagen vor dem Kochen! Servieren Sie Suppen mit großen Knödeln, z.B. Leberknödel, im Teller. Da läßt er sich besser halbieren als in der Tasse.

Getränkeempfehlung

Zu Suppen wird kein spezielles Getränk serviert. Man trinkt Mineralwasser dazu oder den Wein, welcher für die Vorspeise oder den Hauptgang vorgesehen ist. Ausnahmen bilden Spezialsuppen wie Hummer-, Fisch- oder Spargelsuppen, wo man den Wein auf die Hauptzutat abstimmen kann.

Kalbshaxen

jarret de veau / knuckle of veal / ossobuco / pierna de ternera

5. Was Männer glücklich macht: Fleischgerichte

Haxen essen ist in Italien kein Problem. Sie werden dort oft schon vor dem Kochen quer in dicke Scheiben geschnitten. Aber in München zum Beispiel sitzen Sie vor einer ganzen Kalbs- oder Schweinshaxe und beginnen zu säbeln, so gut es geht ... Aber da es beim „Haxenbauer“ usw. sowieso rustikal zu- und hergeht, ist das nicht weiter tragisch.

So ißt man das

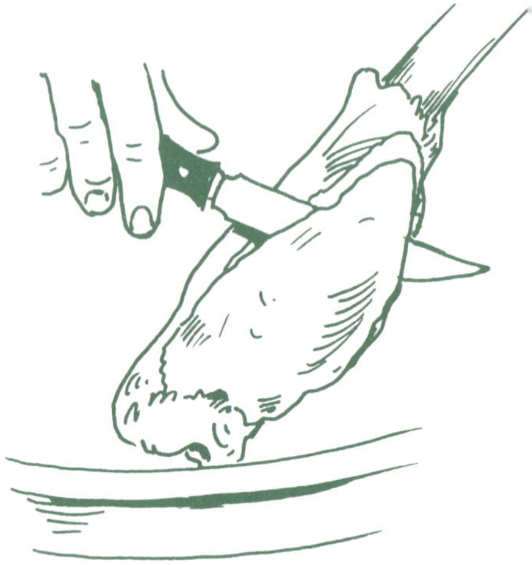

❧ Man schneidet die Haxe an der dünnsten Stelle mit dem Messer längs ein.

❧ Dann kann man es zusammenschlagen, mit der Gabel etwas festhalten und leicht schräg in Scheiben schneiden.

Im Grunde genommen ist es ganz einfach. Und auf diese Art auch „kultivierter" zu essen, als wenn man auf der ganzen Haxe hin- und hersäbelt ...

❧ Dann löst man das Fleisch mit der Messerspitze an den Knochenenden und dem Knochen entlang rundum, bis das ganze Fleisch losgelöst ist.

Getränkeempfehlung

Bier paßt sehr gut, besonders zur Schweinshaxe. Aber auch Rotwein wie Spätburgunder, Beaujolais, Merlot usw.

Lammkeule
gigot d'agneau / Leg of lamb / cosci di agnello / pierna de cordero

Meistens erhält man im Restaurant Lammfleisch bereits tranchiert auf dem Teller. Wird eine Lammkeule aber kunstgerecht am Tisch zerlegt, ist es ein Erlebnis zuzuschauen, wie es ein Könner macht.

So serviert man das

Lammkeule klassisch tranchieren – das gelingt nur mit viel Übung. Dieses Fleischstück wird meistens für kleinere Bankette ganz an den Tisch gebracht. Man sieht es manchmal auch auf einem warmen Buffet mit Bedienung. Der Koch oder Ober tranchiert das Fleisch auf dem Knochen. Er macht längs des Knochen bei der sogenannten „Naht" - d.h.: dort wo die beiden Muskelpakete zusammengewachsen sind - einen Einschnitt. Von hier aus schneidet er, bei der Haxe beginnend, die obere Nuß leicht schräg gegen sich in ca. 1 cm dicke Scheiben. Ist auf diese Weise die obere Nuß serviert, dreht er den Knochen um und fährt bei der unteren Nuß auf dieselbe Art fort.

Tips für zu Hause

Da kann man/frau es einfacher haben und tranchiert die Keule nach Hausfrauenart:

❧ Halten Sie den Knochen mit einem Tuch fest und lösen Sie zuerst die obere Nuß vom Knochen mit einem guten, mittelgroßen Küchenmesser ab.

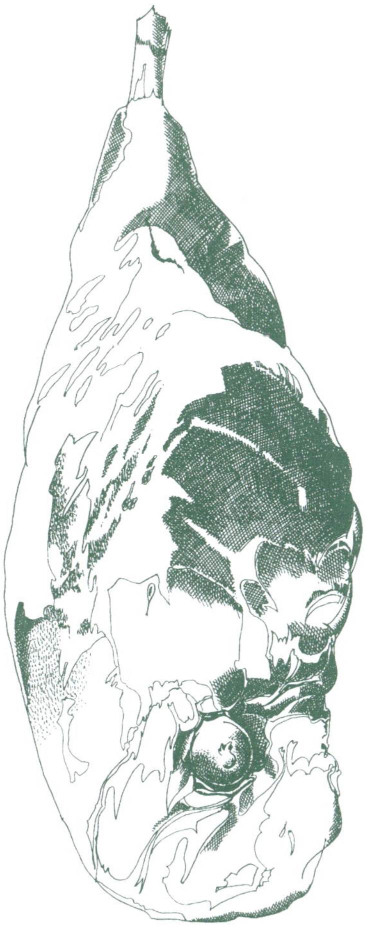

❧ Dazu können Sie bei der „Naht" – s.o. – einen Einschnitt anbringen, damit das Messer genau unterhalb des Gelenkes auf den Knochen kommt.

❧ Jetzt lassen Sie die Klinge dem Knochen entlang gleiten und heben die obere Nuß ab.

❧ Anschließend lösen Sie die untere Nuß unterhalb des Gelenkes ab.

❧ Danach können Sie die beiden Fleischstücke ohne Probleme auf dem Brett leicht schräg in Scheiben schneiden.

Lammfleisch sollte rosa serviert werden. Es wäre schade, dieses feine Fleisch durchzubraten, was allerdings vielfach gemacht wird, zum Beispiel in Italien und Spanien.

Eine Rehkeule kann auf die gleiche Art tranchiert werden.

Getränke-empfehlung

Kräftiger, gehaltvoller Rotwein wie *Châteauneuf-du-Pape, Hermitage, Côte rôtie* oder auch ein guter Bordeaux.

Rehrücken

selle de chevreuil / saddle of venison / dorso de capriolo / lomo doble de corzo

Während der Wildsaison ist der Rehrücken das repräsentativste Gericht im Restaurant.

So serviert und ißt man das

Leider kommt dieses zarte Rehfleisch bereits tranchiert, angerichtet mit Sauce und den obligaten Wildbeilagen wie Spätzle, Rotkraut oder Rosenkohl, Kastanien und oft noch mit Früchten garniert auf den Tisch.
Klassisch, d.h. ganz und auf dem Knochen serviert, ist er ein Paradegericht. Natürlich kann man es nur dann servieren, wenn mindestens sechs Personen am Tisch sitzen.

❧ Zuerst wird das Gericht mit Stolz gezeigt.
❧ Dann macht der Ober dem Rückgrat entlang mit einem Tranchiermesser eine Kerbe und löst das zarte Fleisch mit Hilfe eines Löffel, um es nicht zu verletzen, behutsam vom Rückenknochen.
❧ Anschließend kommt das Rückenfleisch auf ein Brett und wird schräg in etwa 1 cm dicke Scheiben geschnitten.
❧ Diese werden danach wieder schön auf dem Knochen angeordnet und portionenweise serviert.
Manchmal wird das alles bereits in der Küche gemacht, was schade ist. Das Fleisch verliert dabei Saft, und man nimmt dem Gast die Show.

Beim Nachservice wird der Knochen umgedreht und das echte Filet, welches sich auf der Unterseite befindet, behutsam vom Knochen gelöst, in Portionen geteilt und, wie alle Wildgerichte, mit Messser und Gabel gegessen.

Tips für zu Hause

Das Tranchieren des Rehrückens ist nicht allzu schwer, wenn Sie die oben gegebenen Anweisungen genau befolgen. Ist Ihnen das ganze Drum und Dran zu kompliziert, dann kaufen Sie das Rückenfleisch ohne Knochen. Nehmen Sie den Knochen aber grob gehackt mit nach Hause, um daraus einen Wildfond für die Sauce zuzubereiten!

Stechen Sie das Fleisch nie mit einer Gabel oder einem Messer ein, damit der Fleischsaft nicht ausläuft. Halten Sie das Fleisch beim Tranchieren mit dem Rücken einer Gabel fest!

Getränke-empfehlung

Sehr guter Burgunder oder Bordeaux, z.B. *Richebourg* oder *Vino nobile* de *Montepulciano,* auch *Barolo.*

Entbeinte Reh- oder auch Lammrücken werden häufig auf der Speisekarte fälschlicherweise als Filet bezeichnet. Das echte Filet befindet sich unterhalb des Rückenknochens. Es ist ein langes, schmales, besonders zartes Fleischstück. Ob Rehfleisch rosa oder durchgebraten sein soll, darüber streiten sich die Geister. Medium gebraten ist es auf jeden Fall saftiger und geschmacklich viel besser.

Rohschinken

jambon cru / raw ham / prosciutto crudo / jamón serrano

Bei uns und in unseren Nachbarländern gibt es qualitativ hervorragende luftgetrocknete, rohe Schinken wie z.B. Parmaschinken, San Daniele, Aosta aus Italien. Oder Bündner, Tessiner und Walliser Schinken, Holsteiner Katenschinken, Schwarzwälder oder der Jabugo aus Spanien.

So serviert man das

Die bekannten Markenschinken werden mit dem Knochen im ganzen geliefert und sollten auch so präsentiert werden, was im Ursprungsland meistens der Fall ist. Es gibt für das Gastgewerbe spezielle Schinkengestelle, auf denen dieses Fleisch dünn direkt ab dem Knochen geschnitten wird. Meistens aber erhält der Restaurant-Gast den luftgetrockneten Schinken bereits in sehr dünnen Scheiben auf einer Platte oder einem Teller serviert, garniert mit Salzgurken oder Cornichons, Butter und Brot.

So ißt man das

Im kleinen Kreis unter guten Freunden oder als Zwischenverpflegung wie auch im einfachen Landrestaurant ißt man diesen Schinken mit der Hand. In einem vornehmeren Lokal oder auch bei dickeren Scheiben, die z.B. direkt am Knochen geschnitten wurden, benutzt man das Vorspeisenbesteck.

Tips für zu Hause

Lassen Sie sich die Scheiben vom Metzger frisch mit der Maschine schneiden. Achten Sie darauf, daß die einzelnen Lagen durch dünnes Papier getrennt werden und damit das Fleisch geschützt bleibt. Verteilen Sie die Scheiben erst unmittelbar vor dem Servieren auf den Tellern oder der Platte, damit sie nicht austrocknen. Das gilt auch für Bindenfleisch (Bündnerfleisch).
Zu einem Aperitif können Grissini (Brotstengel aus dem Piemont) mit Schinkenscheiben umwickelt werden. Diese faßt man mit der Papierserviette und ißt sie mit der Hand.

Getränke-empfehlung

Veltliner oder Tiroler Landweine. Auch *Gamay, Rioja* oder *Pinot noir.*

Schinken im Brotteig

jambon en croûte / boiled ham in bread crust / prosciutto en crosta / empanada de jamon dulce

Durch das Backen im Brotteig bleibt der Schinken besonders saftig und aromatisch, und das Brot saugt den gehaltvollen Schinkensaft dabei auf. Bevor der Schinken eingepackt wird, kocht man ihn im Sud. Meistens wird er vor der Zubereitung entbeint, was den Service erleichtert, aber besser schmeckt er, wenn er „auf dem Knochen" gegart wird.

So serviert man das

Der Schinken wird noch eingehüllt präsentiert.

❧ Dann sägt man das Brot mit einem Brotmesser mit Wellenschliff etwa auf drei Viertel der Gesamthöhe rundherum ein.

❧ Der Deckel wird abgehoben und der Schinken mit einer Serviette am Schenkelknochen angefaßt und angehoben.

❧ Hinter der Haxe wird der Schinken bis zum Knochen eingeschnitten.

❧ Danach schneidet man leicht schräg gegen den Knochen Scheiben von etwa 1/2 - 1 cm Dicke ab.

❧ Nun wird der Schinken umgedreht und die untere Nuß auf die gleiche Weise tranchiert.

❧ Das Brot wird in Stücke geschnitten und mitserviert.
Dazu serviert man verschiedene Senfsorten, Gewürzgurken und nach Belieben Kartoffelsalat.

So ißt man das

Den Schinken ißt man mit Messer und Gabel und das Brot mit der Hand.

Tips für zu Hause

Um das Tranchieren einfach zu machen, lassen Sie den Knochen vom Metzger entfernen. Wichtig ist, daß Sie Hinterschinken für dieses Gericht verwenden!

Beim Aufschneiden dieses Schinkens und des Brotes ist ein elektrisches Messer eine praktische Hilfe.

Getränkeempfehlung

Bier, evtl. mit einem klaren Schnaps, oder Apfelwein oder roter, leichter Landwein.

Tatar

bifteck tartare / beefsteak tartar / bistecca alla tartara / bistec al tartaro

Essen Sie dieses rohe Rindfleisch nur dort, wo die Herkunft Ihnen garantiert wird! Tatar essen ist Vertrauenssache. Es muß unbedingt frisch sein.

So serviert man das

Wenn eine Show aus diesem Gericht gemacht wird, zelebriert es der Ober am Tisch des Gastes. Dazu benötigt er alle Ingredienzen, die in Schälchen bereitgestellt werden. Er mischt das Tatar nach Wunsch des Gastes und würzt es mild oder feurig. Meistens aber wird der Einfachheit halber das Tatar in der Küche zubereitet und auf dem Teller serviert. Dazu gibt es Toasts oder Schwarzbrot und Butter.

So ißt man das

Wird das Tatar vom Ober zubereitet, darf der Gast die Schärfe des Gerichtes mit einer Gabel probieren. Erhält man die Zutaten zum Selbermischen, was hie und da auch üblich ist, bereitet man das Tatar mit Löffel und Gabel in einem Suppenteller zu, rafft es zuletzt zu einem Steak zusammen und placiert es auf dem Teller. Das fertige Tatar ißt man mit der Gabel. Mit der Gabel oder mit dem Messer gibt man nach Belieben kleine Mengen auf Toast- oder Brotstücke, die zuvor mit Butter bestrichen wurden.

Tips für Zu Hause

Lassen Sie beim Kauf das Fleisch vor Ihren Augen mit der Hand hacken, und verwenden Sie es noch am gleichen Tag! Tatar soll erst unmittelbar vor dem Verspeisen mit den Zutaten vermischt werden, damit es noch schön rot und frisch aussieht.

❧ Formen Sie das Fleisch zu einem Steak, machen Sie in der Mitte eine Vertiefung, und setzen Sie das Eigelb hinein.

❧ Oder mischen Sie das Tatar fix und fertig, und garnieren Sie es nach der alten klassischen Art mit einer Zitronenscheibe, einer gerollten Sardelle und einer Kaper der Mitte.

Getränke-empfehlung

Kühler Rosé oder hellroter Landwein,z.B. *Œil de Perdrix* (heller Pinot) oder Bier mit Wodka oder Acquavit.

Weisswurst

boudin blanc / salsiccia bianca di Monaco / butifarra blanca de Munich

Wer nach München reist, darf nicht versäumen, am späten Vormittag Weißwürstl zu essen.

So ißt man das

Machen Sie es wie die „gstandenen Mannsbilder" dieser Stadt. Schneiden Sie die Wurst an einem Ende an, führen Sie sie zum Munde und „zuzeln" Sie sie aus.

Tradition ist, daß man Weißwürste nur bis kurz vor zwölf Uhr mittags essen darf. Sicher ein Gebot der Frische, weil man diese Art Würste nicht lange aufbewahren sollte.

Wollen Sie es vornehmer haben?

❧ Zuerst halbieren Sie die Wurst längs.

❧ Lösen Sie das Brät, indem Sie das eine Ende der Wurst mit der Gabel festhalten, und schieben Sie es mit dem Messer aus der Haut.

❧ Dann können Sie das Brät mit der Gabel essen. Genießen Sie eine Brezel – „Brezen" sagt man in München –, süßen Senf und natürlich ein Müncher Bier dazu.

Die Krone der Kochkunst: Saucen

sauces / sauces / salsas / salsas

Vorbei ist die Zeit der „Tunken"! Delikate und leichte Saucen sind der Stolz eines guten Kochs, und wir sollten seine Kunst auch würdigen.

So serviert man das

Beilagesaucen serviert man in der Regel in einer Saucière. Je nach Klasse des Restaurants gießt der Kellner dem Gast etwas davon auf den Teller zu den angerichteten Speisen. Wehren Sie sich aber, wenn man Ihnen Sauce über ein schön knusprig gebratenes Fleischstück geben will! Die Kruste wird aufgeweicht, und es sieht sehr unappetitlich aus. Hier gehört die Sauce neben das Fleisch.
Auf kunstvoll angerichteten Tellern präsentiert sich die Sauce als „Spiegel" unter dem Gericht.

So ißt man das

Um dem Gast das Auftunken einer guten Sauce zu ersparen (manchmal leider!), wurde der sogenannte Gourmetlöffel erfunden. Er ist breiter, aber tiefer als ein Fischmesser und kann dieses bei einem zarten Fisch auch ersetzen. Der Gourmetlöffel entstand vor allem auch, weil in den letzten Jahren in der höheren Gastronomie zu Saucengerichten keine Stärkebeilagen mehr serviert wurden. Es gab also keine Teigwaren, um damit die Sauce aufzunehmen. Die Saucen dürfen mit diesem speziellen Besteck ausgelöffelt werden. Auch wenn Sie eine besonders leckere Sauce mit Hilfe von Weißbrot ein wenig „auftunken", wird Ihnen das kaum jemand übelnehmen, sondern als Kompliment für die Küche auffassen. Stecken Sie das Brotstück aber nicht auf die Gabel!

Köche beider Geschlechter, denkt immer an das Sprichwort:

Viel Sauce – schlechter Koch,

wenig Sauce – guter Koch!

Antoine Gogué 1856

6.

Für jeden Geschmack das Richtige: Eier- und Milchgerichte

Obwohl das Flambieren aus der Mode gekommen ist, bleiben Crêpes Suzette ein nostalgischer Evergreen, den viele heute noch lieben und bestellen, wenn sie die Möglichkeit dazu haben. Für Fleisch halte ich persönlich vom Flambieren gar nichts, aber bei den Desserts kann man darüber diskutieren.

❧ Mit eleganten Bewegungen wird Zucker geschmolzen und mit Orangensaft eingekocht.

So serviert man das

Für den Service ist dieses Rezept eine etwas aufwendige Sache. Frisch zubereitete Crêpes und eine ganze Reihe von Zutaten müssen bereitstehen. Außerdem braucht man ein Flambierrechaud mit schöner Flambierpfanne. Und auch noch Zeit und Können. Wie viele Ober oder Köche können noch am Tisch kochen?

❧ Danach müssen gekonnt Crêpes gefaltet und in die Sauce getaucht werden.

❧ Zuletzt geht der Feuerzauber los. (Sie können weiter unten nachlesen, worauf dabei zu achten ist.)

❧ Die Crêpes werden angerichtet und mit der köstlichen Sauce begossen.

So ißt man das

Ganz einfach mit Dessertgabel und -löffel und nach Belieben mit Vanilleeis.

Tip für zu Hause

Probieren Sie es einmal für Ihre Gäste, Sie werden damit bestimmt Erfolg haben. Zuvor brauchen Sie ein gutes Rezept und ein bißchen Uebung beim Flambieren. Hier einige Hinweise dazu:

❧ Vor dem Flambieren das Gericht sehr heiß werden lassen.

❧ Nie mit Zündhölzern in der Pfanne hantieren. Das Gericht soll sich durch kurzes, ruckartiges Rückziehen der Pfanne selbst entzünden.

❧ Spirituosen mit Gefühl dosieren. Weniger ist oft mehr! Es genügt, wenn das Gericht leicht parfümiert wird und nur kurz brennt.

Eier

oeufs / eggs / uova / hue-vos

Unter diese Rubrik fallen nicht nur das Drei-Minuten-Ei zum Frühstück, sondern alle Gerichte, die im wesentlichen aus Eiern bestehen.

So serviert man das

Das Frühstücks-Ei kommt im Eierbecher auf einem Unterteller oder, wenn es sich um mehrere Eier handelt, im Warmhaltekörbchen auf den Tisch. Weißbrot sowie Salz- und Pfefferstreuer gehören unbedingt dazu.

So ißt man das

Frühstücks-Eier ißt man mit einem Eierlöffelchen aus Perlmutt oder Plastik. Mit dem Eierlöffel klopft man die Eierspitze an, damit sie zerspringt und man die Schalenstücke mit den Fingern abnehmen kann. Oft wird das Ei auch mit dem Messer geköpft, was allerdings nicht überall als korrekt empfunden wird.
Rühreier sowie die *Omelette soufflée* sollte man ebenfalls mit einem Eierlöffelchen genießen. Mit Metallbesteck schmecken diese Gerichte nur halb so gut.
Ostereier kann man mitsamt der Schale mit dem Messer längs halbieren und mit der Gabel aus der Schale heben. Im einfachen Restaurant schält und

ißt man das Ei mit der Hand.
Spiegeleier, Eier mit Speck oder Schinken und Omeletts (Eierkuchen) ißt man nur mit der Gabel und hilft mit etwas Brot oder, wenn Fleisch dabei ist, mit dem Messer nach.

Getränke-empfehlung

Zu delikaten Eiergerichten passen als Weißwein Chardonnay oder als Rotwein Bordeaux (*Pomerol* oder *Saint-Émilion*) sehr gut, insbesondere, wenn Rühreier oder ein Omelett mit Trüffel bereichert wurden.
Geht es bescheidener zu, dann ist auch Mineralwasser oder Roséwein geeignet.

Käse

fromage / cheese / formaggio / queso

Hier geht es nicht darum, auf die große Vielfalt der Käsesorten einzugehen. Eines haben aber alle gemeinsam - sie sollten im richtigen Reifegrad und in der richtigen Temperatur genossen werden. Es gibt zwischenzeitlich nicht nur in Frankreich, sondern auch bei uns Käsespezialisten, die ihr Handwerk verstehen. Und Gastronomen, die ihren Gästen vorbildlich Käse anbieten.

So serviert man das

Im Restaurant muß Käse einwandfrei aussehen. Unansehnlich gewordene Reste dürfen nur in der Küche weiter verwendet werden. Einfach ist das nicht, denn reife Käse haben ein kurzes Leben. Deshalb lieber nur drei oder vier Käse im richtigen Stadium als eine große, aber unbefriedigende Auswahl!
Ein idealer Käseservice umfaßt auch verschiedene Brotsorten, etwa Nußbrot, Roggenbrot, Baguette, Olivenbrot oder sogar Früchtebrot, welches einen interessanten Kontrast zu sehr aromatischen, kräftigen Käsen bildet.
Butter gibt man in der Regel nur auf Wunsch zu Hartkäse. Trauben, Birnen und Nüsse sind beliebte Käsebegleiter.

So ißt man das

Meist werden die vom Käsebrett ausgesuchten Käse vom Kellner abgeschnitten und auf dem Teller serviert. Man ißt sie mit Messer und Gabel. Hartkäse wird mit dem

Messer geschnitten, aber bitte nicht damit in den Mund geben! Nehmen Sie dazu die Gabel, und geben Sie mit der Hand ein Stück Brot dazu. Gewisse Käse wie z.B. der Tête de moine (Mönchskopf), der mit einer spezielle Spirale in Röschen geschnitten wird, und auch Hobelkäse kann man ruhig mit der Hand essen.

❧ Spezielle Hartkäse wie *Parmesan, Grana Padano, Pecorino* und *Sbrinz* werden nicht geschnitten, sondern mit einem kleinen speziellen Messer in kleine Stücke gebrochen. Auch diese werden mit der Hand gegessen.

❧ Daß man die Käserinde nicht mitißt, scheint klar. Auch von den Weichkäsen schneidet man die Außenhaut oder Rinde weg, besonders bei den Rotschmierkäsen.

❧ Bei Edelpilzkäsen gehen oft die Meinungen auseinander. Meiner Ansicht nach sollte man auch hier die Außenschicht wegschneiden, damit das reine Aroma des Käses zur Geltung kommt.

❧ Sehr weiche Käse wie z.B. *Vacherin* werden mit dem Löffel serviert und gegessen.

❧ Weichkäse werden in Kleinportionen auf ein abgebrochenes Brotstück gelegt und mit der Hand gegessen.

Im Restaurant Käsebrote streichen ist nicht gerade schicklich!

Tips für zu Hause

Bieten Sie bei einem Gästemenü vor dem Dessert Käse an, wenn Sie eine besonders leichte Vorspeise serviert haben. Der Käse ergänzt eine gute Mahlzeit und kann eine etwas mißlungene retten!

Eine Mahlzeit ohne Käse als Abschluß ist wie eine schöne Frau, die ein Auge verloren hat.

Brillat-Savarin 1825

❧ Bewahren Sie den Käse möglichst nicht im Kühlschrank auf, sondern besser bei Kellertemperatur.
❧ Stellen Sie ihn vor dem Servieren mindestens eine Stunde in die Küche. So wird er sein Aroma entfalten können.

Getränkeempfehlung

Die Harmonie zwischen Käse und Wein ist eine Wissenschaft für sich und auch eine Geschmackssache. Lange Zeit nahm man, wie heute noch mehrheitlich in Frankreich, den besten Roten aus dem Keller. Heute zieht man in Deutschland eher Weißwein vor. Bei Käsen mit sehr ausgeprägtem Geschmack wie z.B. *Roquefort, Stilton, Blaukäse* ist man sich einig: Hier passen Sauternes, Portwein, Trockenbeereauslesen und andere Süßweine hervorragend.

Käsefondue

fondue / cheesefondue / fonduta / fondue de queso

Aus einem Schweizer Sennengericht entwickelte sich mit den Jahren das gemütliche Käsefondue, welches neben den „Rösti" als Nationalgericht betrachtet wird. Auch beim Essen dieses Gemeinschaftstopfes gilt es, einige Regeln zu beachten.

So serviert man das

Das meistens in der Küche zubereitete Käsefondue wird in dem traditionellen Caquelon (Keramiktopf mit Griff) auf einen vorbereiteten und angezündeten Spiritus-Rechaud gestellt. Dazu stehen in einem Körbchen mundgerecht geschnittene Weiß- oder Halbweißbrotwürfel und Fonduegabeln bereit (Gabeln mit drei Zinken und langem Holzgriff).

So ißt man das

❧ Jeder Tischgast steckt einen Brotwürfel auf die Gabel und taucht ihn ins leise brodelnde Fondue, rührt dabei ein- bis zweimal um und zieht den Brocken heraus. Vorsicht – die Käsemasse ist sehr heiß!

❧ Um sie etwas abzukühlen, dreht man die Gabel über dem eigenen Teller so lange um, bis man sie zum Munde führen kann. Dabei ist sanftes Blasen, natürlich ohne Geräusche und Spritzen, erlaubt.

❧ Wenn Sie es mögen, tauchen Sie die Brotstücke vor dem Eintunken ins Caquelon in ein mit Kirsch gefülltes Gläschen. Es soll die Verdauung dieses etwas üppigen Gerichtes erleichtern, sagt man oft als Ausrede.

❧ Am Schluß bildet sich auf dem Boden des Caquelons eine Käsekruste, die besonders begehrt ist.
❧ Diese Kruste darf nicht zu dunkel werden und wird mit der Gabel aus dem Caquelon gelöst.
Fälschlicherweise werden auch andere Gerichte als Fondue bezeichnet. Näheres darüber sehen Sie auf Seite 108. Das Wort Fondue wurde vom französischen Verb *fondre*, das heißt schmelzen abgeleitet, aber bei diesen Spezialitäten gibt es nichts zu schmelzen!

Nach alter Regel verpflichtet jedes Brotstück, welches von der Gabel in das Fondue fällt, seinen Besitzer zur Spende von einer guten Flasche Wein.

Tips für zu Hause

Damit der Käse richtig schmilzt und man gut umrühren kann, wird höchstens eine Portion für vier bis sechs Personen im gleichen Caquelon zubereitet. Sind mehr am Tisch, braucht man halt mehr Caquelons. Neuerdings gibt es auch narrensichere, elektrische Fonduetöpfe aus Edelstahl mit Kuhmotiv. Wohl eher etwas für Zaghafte – nicht sehr romantisch, aber praktisch!

Getränkeempfehlung

Schwarzer Tee, trockener Weißwein (z.B. Schweizer Weißwein aus Waadt, Wallis oder Neuenburg) oder ein trockener Frankenwein. Immer empfehlenswert ist ein Gläschen Kirsch.

Dieses schweizerische Sennengericht entstand erst Ende des 19. Jahrhunderts. Inzwischen ist es überaus beliebt geworden.

So serviert man das

Raclette ist nichts anderes als geschmolzener Walliserkäse. Oft wird es auch mit gutem Fontinakäse aus dem Aostatal oder anderem Alpkäse zubereitet. Die halben Käselaibe werden am Holzkohlenfeuer oder am elektrischen Racletteofen geschmolzen und Portion für Portion mitsamt der angebratenen Rinde auf vorgewärmte Teller abgestrichen. Dazu gibt es gekochte Kartöffelchen, in Essig eingelegte Cornichons, Eierschwämme (Pfifferlinge) und Perlzwiebeln.

So ißt man das

Raclette wird nach und nach in Kleinportionen serviert. Man ißt mit der Gabel.

Tips für zu Hause

Es gibt spezielle Grill-Tischgeräte mit kleinen Pfännchen, die man mit Käsescheiben belegt und unter die Grillschlange schiebt.

Die Raclette soll durch Zufall entstanden sein. Ein Senn fror bei nebligem Wetter und weigerte sich, seinen Käse kalt zu verzehren, denn er hatte ein unwiderstehliches Bedürfnis nach warmem Essen. So hielt er den Käselaib über das Feuer, der Käse schmolz – und er fand es herrlich.

Was wir täglich brauchen: Brot und Butter

pain / bread / pane / pan
beurre / butter / burro / mantequilla

Kaum hat sich der Gast im Restaurant an den Tisch gesetzt, bringt der Kellner Brot auf den Tisch. Aber wie geht man damit um? Soll man es schneiden oder brechen?

So serviert man Brot

❧ Besonders verwöhnt wird man, wenn die Brötchen für jeden Gast frisch aus dem Ofen kommen.

❧ Je nach Art des Gastbetriebes gibt es aber auch geschnittenes Alltagsbrot im Körbchen. Andere präsentieren eine ganze Palette von Brötchen.

❧ Wer besonders „up to date" sein will, serviert Baguette – aber leider allzu oft in dünne Scheiben geschnitten. Die Baguette wird in Frankreich, ihrem Heimatland, gebrochen.

So ißt man das

Brot wird am Tisch nicht geschnitten, sondern gebrochen. Das Brot kann als Schieber dienen. Es überbrückt die Wartezeit bis zum ersten Gang und neutralisiert auch das Geschmacksempfinden beim Wechsel der Weinsorten.

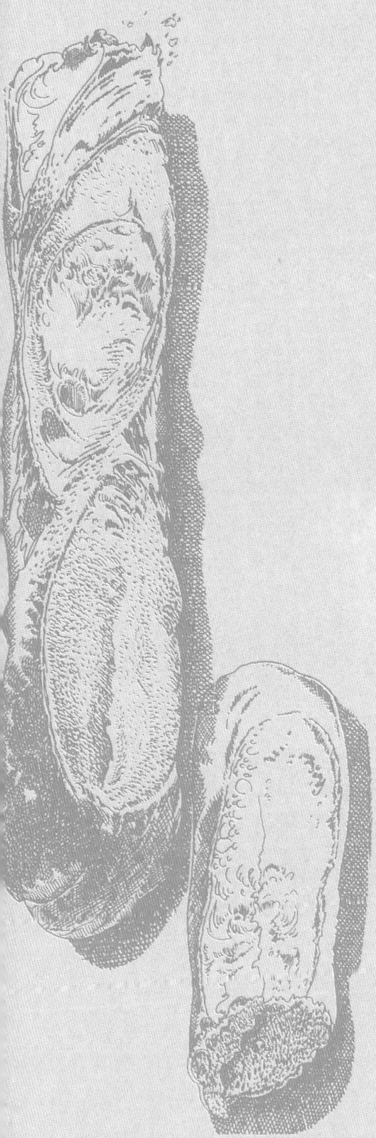

So serviert man Butter

Zur offen präsentierten Butter gehören entweder eine Buttergabel oder ein spezielles Buttermesser, damit sich der Gast bedienen kann.
Links neben das Gedeck gehört ein kleiner Brot- und Butterteller mit einem kleinen Messer.

Durch Jahrtausende diente das Brot als Ersatz für die Serviette. Als man noch mit den Händen aß, wischte man die fettigen Finger und den Mund mit Brot ab.

Ente

canard / duck / anitra / pato

7.

Geflügel: in aller Welt beliebt!

Ganze Enten sind im Restaurant eher selten. Man serviert mit Vorliebe kleine oder große entbeinte Brüste, die wie ein Zwischenrippenstück des Rindes leicht schräg in Scheiben geschnitten werden.

Eine ganz gebratene Ente wird am Tisch präsentiert und vor den Augen des Gastes tranchiert. In guten Restaurants serviert man die Ente in zwei Gängen: Zuerst erhält der Gast die ausgelösten Brüste. Die Schenkel wandern wieder in die Küche, wo sie weiter gebraten oder geschmort werden, um nachher in einer anderen Zubereitung serviert zu werden.

So ißt man das

❧ Bei großen, fleischigen Enten wird das Brustfleisch beim Zerlegen auf der Ente quer zur Brust in Scheiben geschnitten. Dann ist das Essen mit Messer und Gabel kein Problem.

❧ Wenn das nicht der Fall ist, legen Sie die Gabel auf das Brustfleisch, um es festzuhalten, und schneiden Sie ein großes Stück vom Knochen ab.

❧ Bei Flügel und Schenkel ißt man soviel wie möglich mit Messer und Gabel.

❧ Wenn Fingerbowlen bereitstehen oder die Schenkelknochen mit Papiermanschetten garniert wurden, ist es erlaubt, die Geflügelteile in die Hand zu nehmen und das restliche Fleisch abzuknabbern.

Tips für zu Hause

Um eine Ente kunstgerecht zu zerlegen, muß der Laie zuerst einen Tranchierkurs absolvieren. Machen Sie es sich deshalb zu Hause einfach:

- Zerteilen Sie eine nicht zu große Ente mit dem Messer zuerst entlang der Brust in zwei Hälften.
- Entfernen Sie danach die Schenkel und Flügel wie beim Hähnchen (s.S. 104).
- Teilen Sie das Gerippe dem Rückenknochen entlang, und halbieren Sie die beiden Teile.
- Geben Sie die Schenkel und die übrigen Teile nochmals in den Ofen, während die Brüste gegessen werden. Oder legen Sie sie weg für den nächsten Tag, und kochen Sie dann daraus ein Schmorgericht.

Getränke-empfehlung

Bordeauxweine wie *Pomerol, St. Emilion* oder gute *Côtes-du-Rhône, Côte rôtie, Saint Joseph* oder *Gigondas*.

Kürzlich gesehen in einem exklusiven Restaurant: Spezielle wunderhübsche Silbergriffe zum Einklemmen der Schenkelknochen, um sie mit der Hand verspeisen zu können. Eine freudige Überraschung für all diejenigen, die ungern mit den Fingern essen.

Gans

oie / goose / oca / oca

Eine junge Gans wiegt ungefähr drei Kilo und reicht für sechs bis sieben Personen.

So serviert man das

Meist werden Gänse im Restaurant um Martini (11. 11.) und dann wieder über Weihnachten bis Neujahr angeboten. Gehört die Gans zum Angebot der Speisekarte oder zu einem Bankett, wird sie bereits in der Küche portioniert. Oft hat man sie mit Äpfeln oder Kastanien gefüllt. Eine Gans ist fleischiger als alle anderen Geflügel, außer Truthahn und Kapaun. Die knusprige Gänsehaut schmeckt besonders gut, ist aber sehr fett und wird deshalb meistens weggeschnitten. Man kann auch nur das Fett unter der Haut mit dem Messer ablösen und die Haut dann genießen.

Tips für zu Hause

Tranchiert wird die Gans ähnlich wie Hähnchen oder Ente. Nur bei der Brust ist es anders.

❧ Die Schenkel werden zuerst abgelöst.

❧ Dann entfernt man den triangelförmigen Wünschelknochen.

❧ Danach kann man direkt einen waagrechten Einschnitt anbringen und das Brustfleisch quer in Scheiben schneiden.

❧ Zum Zerteilen der Schenkel und der restlichen Teile braucht man ein starkes Messer.

Bei Kapaun und Truthahn (Pute) kann die Brust ebenso tranchiert werden.

Getränkeempfehlung

Barbera, Burgunder, Rioja.

Gänseleber
foie gras / goose liver / fegato d'oca / higado de oca

Obwohl dieses Produkt in letzter Zeit in Verruf geraten ist, gehört es in dieses Buch.

So serviert man das

Die Gänseleberterrine ist die beliebteste Zubereitung dieses Produktes. Dazu gibt es *Brioche,* die besser dazu paßt als die obligaten Toasts mit Butter.
Es gibt auch die Gänseleberpasteten, deren Hohlraum mit Gelee gefüllt wird, sowie die Gänseleber, die im Briocheteig gebacken wird.
Manchmal wird die Leber roh mariniert und so oder ganz einfach *nature* in sehr dünnen Scheiben serviert.
Neuestens wird Gänseleber auch geräuchert. Dazu passen süßliche Beilagen.

So ißt man das

❧ Gänseleber ißt man mit dem Vorspeisenbesteck.
❧ Wie eine Gänseleberpastete im Teig gegessen wird, lesen Sie auf Seite 52.
❧ Für ein weiches, luftiges Gänseleberparfait ist ein Messer überflüssig.

Tips für zu Hause

Die Gänseleberterrine hat ihre Tücken! Am besten kauft man sie fertig.
An gebratene Gänseleberscheiben kann man sich wagen.

Getränkeempfehlung

Ideal *Sauternes, Barsac* oder *Tokay,* aber auch Gewürztraminer, *Pinot grigio* und *Chablis.* Wenn Rotwein gewünscht wird: Bordeaux oder Burgunder.

Hähnchen

poulet / chicken / pollo / pollo

Diese Hinweise gelten nicht nur für Hähnchen, sondern auch für andere Geflügelsorten in ungefähr derselben Größe wie Perlhuhn und Fasan.

So serviert man das

Wenn Hähnchen im ganzen präsentiert werden, übernimmt der Service das Zerlegen. Ein guter Kellner fragt die Gäste, ob sie die Brust oder einen Schenkel wünschen. Ist das Hähnchen nur für zwei Personen bestimmt, teilt er es normalerweise.

So ißt man das

Grundsätzlich wird Geflügel, vor allem die Brust, welche keine Probleme bietet, mit Messer und Gabel gegessen.

- Man schneidet das Brustfleisch quer in Scheiben und diese wiederum in mundgerechte Bissen.
- Bei Schenkeln und Flügeln schneidet man Fleisch ab, solange es mühelos möglich ist.
- Danach darf man, wenn es sich nicht um eine allzu steife Tafelrunde handelt, den Rest von den Knochen abnagen. Bei Unsicherheit kann man etwas abwarten und schauen, wie es die anderen machen. Gourmets werden allerdings ohne Hemmungen den Schenkelknochen anfassen und zum Munde führen.
- Eine Fingerbowle und auch ein Teller für die Knochen sollten bereitstehen.

Tips für zu Hause

Leider wird im Haushalt ein Hähnchen oft einfach

mit der Geflügelschere, so gut es eben geht, zerteilt. Mit ein paar Handgriffen und einigen Anatomiekenntnisse kann man es besser machen:

❧ Legen Sie das Hähnchen auf die Seite. Stechen Sie eine langzinkige Gabel waagrecht unter dem Schenkel ein, heben Sie diesen leicht an und schneiden Sie das Rückenfilet etwas an, damit es in einem Stück entfernt werden kann.

❧ Ziehen Sie den Schenkel über die Hand hin aus dem Beckengelenk und schneiden Sie das Fußgelenk weg.

❧ Teilen Sie die Schenkel, je nach Größe des Hähnchens, in Ober- und Unterschenkel. Machen Sie die gleiche Prozedur auf der Gegenseite.

❧ Stellen Sie das Poulet auf den Rücken, mit der Kopfseite gegen sich und halten Sie es seitlich mit der Gabel. Lösen Sie beide Flügelstücke vom Gerippe.

❧ Schneiden Sie das Brustfilet von der Schulterspitze los, halten Sie es mit der Gabel und ziehen

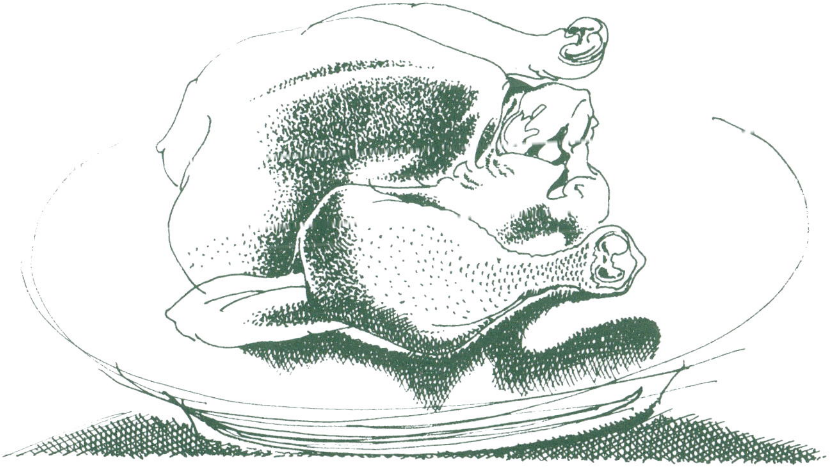

Sie das Gerippe vorsichtig weg.

Kleine Hähnchen können Sie einfach längs halbieren, dabei den Rückenknochen entfernen und die beiden Hälften in Schenkel- und Brustpartie trennen. Wenn Ihnen die oben beschriebene Prozedur zu kompliziert scheint, machen Sie es auch mit einem größeren Hähnchen so.
Wenn Sie Hähnchen auf dem Grillrost zubereiten wollen, dann machen Sie es wie in Italien:.
❧ Öffnen Sie das Hähnchen vor dem Grillen dem Rückgrat entlang.
❧ Schneiden Sie die Wirbelsäule weg, legen sie das offene Hähnchen auf ein Brett und schlagen Sie es auf der Hautseite mit dem Küchenbeil oder dem Rollholz etwas flach und fixieren Sie die Oberschenkel quer mit einem Spieß.
❧ Zum Servieren entfernen Sie dann den Spieß (Achtung, nicht verbrennen!), und halbieren sie das Hähnchen auf der Bauchseite.
Bei einer Grillparty ißt man das Hähnchen ganz mit den Fingern.

Getränkeempfehlung

Zu Hähnchen ohne Sauce passen einfache Landweine, Bier oder Apfelwein. Bei anderen Hähnchengerichten wählt man den Wein nach der Zubereitungsart.

Früher gehörte die Wachtel noch zum Wildgeflügel. Heute wird sie gezüchtet.

So serviert man das

Weil die Wachtel sehr klein ist, wird sie dem Gast oft untranchiert vorgesetzt, in der Annahme, daß er allein damit fertig wird – was nicht immer der Fall ist. Einfacher ist es, wenn die Wachtel halbiert und in Brust und Schenkel zerteilt auf dem Teller liegt.

So ißt man das

Man schneidet mit Messer und Gabel von Brust oder Schenkel etwas Fleisch ab. Es wäre schade, den Rest stehen zu lassen. Niemand wird sich daran stören, wenn Sie die kleinen Knöchelchen mit der Hand zum Mund führen und abknabbern. Eine Fingerbowle ist dazu unerläßlich. So darf man auch Täubchen und Rebhühner essen.

Tips für zu Hause

Am besten halbiert man die Wachtel nach dem Braten oder zerlegt sie in Brüste und Schenkel. Wenn Sie Fingerbowlen auf den Tisch bringen, werden Ihre Gäste die Wachteln mit Wonne mit den Fingern essen.

Als Herkules unterwegs war, um seine „zwölf Arbeiten" zu erfüllen, wurde er in Libyen von Tryphone getötet, doch der himmlische Duft einer gebratenen Wachtel reichte aus, um ihn ins Leben zurückzurufen!

Getränkeempfehlung

Barbaresco, Châteauneuf-du-pape oder *Côtes-de-Provence.*

„FONDUES“

mit Fleisch, Gemüse und Fisch

Bei diesen „Fondues" kocht der Gast am Tisch im Gemeinschaftstopf verschiedene Zutaten in heißem Öl oder in Brühe.

So serviert, kocht und ißt man das

Fondue Bourguignonne:
Auf dem Tisch stehen Rindsfiletwürfel und verschiedene Begleitsaucen und nach Belieben andere Zutaten bereit. In der Mitte des Tisches steht der Fonduetopf, ein Gußeisen- oder Edelstahltopf auf einem Spirituskocher.

❧ Jeder Gast steckt ein Stück Fleisch auf eine spezielle Gabel mit Widerhaken und senkt es ins erhitzte Öl, um es knusprig braun werden zu lassen.

❧ Vorsicht: Die Gabel wird sehr heiß! Deshalb wird sie auf den Teller gelegt, und man streift die Fleischstücke mit einer gewöhnlichen Gabel ab. Die Widerhaken der Spezialgabel sind nicht ohne Tücken. Sie sollte deshalb nicht zum Essen verwendet werden.

❧ Danach taucht man jedes Fleischstück nach belieben in die ausgewählte Sauce und verzehrt es.

Fondue chinoise:
Dieses etwas asiatisch anmutende „Fondue" wird auf ähnliche Art vorbereitet. Bereitgestellt werden verschiedene, in dünne

Scheiben geschnittene Fleischstücke (z.B. Rind, Kalb, Lamm oder Geflügel), verschiedene Gemüse- und manchmal auch Fischwürfel und Krustentiere sowie Fleisch- oder Gemüsebrühe.

❧ Der Gast pickt das Gewünschte mit der Gabel auf, gart es in der Brühe und wählt dazu die passende Sauce.

❧ Zuletzt wird die Brühe, welche durch die verschiedenen Zutaten schmackhaft geworden ist, in Suppentassen verteilt und ausgelöffelt oder getrunken.

❧ Anstelle der etwas gefährlichen Gabel kann man auch sogenannte Netzlöffel verwenden. Das Gargut wird hineingelegt und kann nach dem Garen auf den Teller gestürzt werden.

Getränkeempfehlung

Zum Fondue bourguignonne: Kräftiger Rotwein, z.B. *Moulin-à-vent*, *Merlot* oder ein guter Spätburgunder.
Zum Fondue chinoise: Grüner Tee oder Roséwein.

Die Bezeichnung bourguignonne (wörtlich: auf Burgunder Art) hat nichts mit dem Burgund zu tun!. Sie wurde irgendwo von einem cleveren Gastwirt erfunden

Ananas

ananas / pineapple / ananasso / piña

8. Für alle, die sich etwas Kindheit bewahrt haben: süße Früchte

Die Ananas wurde 1493 von den Gefährten Christoph Columbus in Guadeloupe entdeckt. Danach trat sie ihren Siegeszug über die ganze Welt an.

So serviert man das

Im Restaurant serviert man frische Ananas in Ringe oder Fächer geschnitten, meist zusammen mit einer Beerensauce oder flambiert mit Spirituosen. Baby-Ananas werden oft längs halbiert, ausgehöhlt und mit Fruchtsalat gefüllt.

So ißt man das

Ganz einfach mit Dessertgabel und -messer.

Tips für zu Hause

Diese großen Früchte müssen sorgfältig geschält und geschnitten werden:

- Zuerst schneidet man den Boden gerade und entfernt einen dünnen Deckel mitsamt dem Kraut.
- Wünscht man Ananasringe, schält man die Frucht und schneidet sie in Scheiben. Der harte innere Kern kann ausgestochen werden. Es gibt auch spezielle Ananasschneider.
- Am attraktivsten ist die Drachenboot genannte Präsentation: Man schneidet die ganze Frucht mitsamt Kraut in Viertel, Sechstel oder Achtel, entfernt den Kern und löst das Fruchtfleisch von der Schale. Danach werden die Teile in Scheiben geschnitten und versetzt wieder auf der Schale angerichtet.

Diese Frucht mit der bräunlichen, fusseligen Schale, die von Neuseeland her ihren Siegeszug durch die ganz Welt angetreten hat, ist heute bei uns so bekannt wie Banane oder Ananas. Dem Urvogel Australiens, dem Kiwi, verdankt sie ihren Namen. Die besten und größten Kiwifrüchte kommen nach wie vor aus Neuseeland und sind bei uns ab Mai bis Dezember erhältlich. Seit einigen Jahren werden Kiwis auch vielerorts in Europa angepflanzt, so daß sie das ganze Jahr über gekauft werden können.

So serviert man das

Die schöne grüne Farbe des Fruchtfleisches verführt viele Köche dazu, diese Frucht fast zu häufig als Dekoration für Fisch-, Fleisch- und süße Gerichte zu verwenden. Als ganze Frucht sieht man sie nur im Früchtekorb oder auf dem Frühstücksbuffet.

So ißt man das

Die Kiwi wird quer halbiert, mit der Hand gehalten und ausgelöffelt.

Kiwis sind wichtige Vitamin-C-Spender und sehr kalorienarm. Roh schmecken sie am besten. Bei warmen Zubereitungen verlieren sie ihre schöne Farbe. Außerdem enthalten sie einen Stoff, welcher das Festwerden von Gelatine verhindert (wichtig zu beachten bei Desserts!). Durch Erwärmen auf etwa 35° C verliert dieser Stoff seine Wirkung.

Mango

mangue / mango / mango / mango

Von dieser ursprünglich aus Indien stammenden Frucht gibt es weltweit nicht weniger als tausend Sorten. Die Mango zeigt sich in den unterschiedlichen Formen und Farben. Im reifen Zustand ist ihr Fleisch außerordentlich aromatisch. Sie eignet sich sowohl für süße Zubereitungen als auch zur Begleitung von pikanten Gerichten.

So serviert man das

Im Restaurant gibt es mit der Mango keine Probleme, denn meistens wird sie geschnitten oder bereits halbiert zum Auslöffeln präsentiert. Mangos serviert man gekühlt.

Die Mango wird scherzhaft „Badewannenfrucht" genannt, weil sie so saftig ist, daß man sie am besten in der Badewanne essen sollte.

So ißt man das

Ganze Früchte sind nicht ganz einfach zu zerlegen, weil sie sehr saftig sind und das Fruchtfleisch stark am Kern haftet.

❧ Am besten legt man die Mango auf die flachste Seite und schneidet sie mit dem Obstmesser oberhalb des flachen Steins durch.
❧ Dann dreht man sie um und schneidet wiederum oberhalb des Steins das Fruchtfleisch ab. Die zwei Hälften kann man auslöffeln oder schälen und in Spalten schneiden.
❧ Das noch am Stein haftende Fruchtfleisch läßt sich bis zu einem

gewissen Grad mit dem Obstbesteck abschneiden. Zu Hause wird man es vermutlich am liebsten vom Stein lutschen, so gut schmeckt es.

Tips für zu Hause

- Prüfen Sie durch Daumendruck beim Kauf, ob die Mango reif ist.
- Waschen Sie nach dem Verarbeiten des Fruchtfleisches sofort die Hände, weil empfindliche Haut durch den Fruchtsaft gereizt werden kann (oder arbeiten Sie mit Plastikhandschuhen).
- Verhüten Sie Flecken, sie sind sehr schwer zu entfernen!

Manche Menschen vertragen Mango nicht in der Kombination mit Milch. Das muß jeder für sich ausprobieren.

Melone

melon / melon / mellone / melón

Melonen werden hauptsächlich aus Südfrankreich, Spanien, Italien und Israel importiert. Es gibt verschiedene Sorten:

- die Ananas-Melone mit gerippter, rauher, gelber Schale,
- die Netzmelone, die hellgelb oder hellgrün ist und mit einem netzartigen Muster auffällt,
- die große, ovale Honigmelone sowie
- die plattrunde Cantaloupe, die breit gerippt und grünlich-gelb ist.

Alle schmecken wunderbar, sofern sie reif sind.

So serviert und ißt man das

In der Regel werden große Melonen längs halbiert, in

breite Spalten geschnitten und entkernt. Bei gepflegtem Service wird das Fruchtfleisch derart von der Schale geschnitten, daß die ganze Spalte noch zusammenhängt und der Gast mit Obstmesser und -gabel oder Vorspeisenbesteck nur noch quer Scheiben abzuschneiden hat. Ab und zu wird das Fruchtfleisch in Kugeln ausgestochen und in der Schale serviert.

Getränkeempfehlung

Zu Melone als Vorspeise: *Rosé de Provence* oder italienischen Weißwein, z.B. *Frascati* oder *Gavi.*
Zu Melone als Dessert: Ein Gläschen Portwein oder auch Muscat, z.B. *Baumes-de-Venise* oder *Baniuls*.

Orange
orange / orange / arancia / naranja

Orangen und andere Zitrusfrüchte sind zwar alltägliche Früchte, die kaum große Probleme bereiten. Außer vielleicht im Restaurant, wenn man nicht recht weiß, wie man die ganze Frucht zerlegen soll!

So ißt man man das

In Spitzenrestaurants werden Orangen, Grapefruits und ähnliche Zitrusfrüchte in geschälten Schnitzen schön auf Teller angeordnet. Gibt es eine ganze Frucht, zum Beispiel vom Frühstücksbuffet, und möchte man es ganz korrekt machen, geht das so:
- Mit dem Obstmesser oder einem Dessertmesser schneidet man die Schale vom Stielansatz bis oben

etwa ein bis zwei Millimeter tief ein.

❧ Dann löst man die Schale mit dem Messer von oben nach unten ab. Dabei sollte auch die weiße Innenhaut mitkommen.

❧ Zuletzt trennt man die Fruchtspalten mit der Hand ab und führt sie auch so zum Mund. Nur ist dies eine etwas saftige Angelegenheit. Papierservietten oder noch besser eine Fingerbowle sollten deshalb auf dem Tisch sein.

Tips für zu Hause

So schneidet man profimäßig Orangenfilets:

❧ Die Orange mit der Fliege nach unten festhalten. Oben mit einer klassischen Eßgabel einstechen.

❧ Die Orange quer auf einen Teller legen, einen Deckel abschneiden. Mit einem scharfen Messer von oben nach unten die Schale bis aufs nackte Fruchtfleisch abschneiden.

❧ Die geschälte Orange wieder auf den Teller legen, mit der Gabel halten und mit dem Messer zwischen den Trennwänden die Schnitze herauslösen. Den Saft dabei auffangen.

❧ Die Orangenfilets schön auf Teller anrichten und mit etwas Zucker bestreuen oder für einen Fruchtsalat verwenden.

So serviert man Grapefruits:

Die Früchte halbieren. Mit einem gebogenen Grapefruitmesser der Schale entlang das Fruchtfleisch losschneiden und die Schnitze in der Schale von den Trennhäuten lösen. Auf diese Art läßt sich diese Frucht wunderbar essen.

Üben Sie das Orangenschalen zuerst mit einer Frucht mit dicker Schale. Nach ein bis zwei Versuchen können Sie vor Ihren Gästen eine richtige „Orangenshow“ abziehen

Steinfrüchte

fruits à noyau / stone-fruits / frutta a nocciola / fruta von hueso

So serviert man das

Meist stellt man Kirschen, Mirabellen, Aprikosen oder Zwetschgen in einer Fruchtschale auf den Tisch. Dazu gehören Fingerbowlen und Servietten.

So ißt man das

Kirschen greift man möglichst beim Stiel aus der Schale und gibt eine Portion auf den Desserteller.

❧ Dann ißt man die Frucht einzeln vom Stiel, die Kerne gibt man diskret vom Mund in die Hand und legt sie auf den Teller.

❧ Nach alter Schule gibt man die Kirschensteine vom Mund in den Dessertlöffel und danach auf den Teller.

❧ Die Finger taucht man zum Schluß in die Fingerbowle.

Etwas größere Steinfrüchte wie Aprikosen oder Zwetschgen halbiert man, nimmt den Stein heraus und schneidet sie mit dem Dessertbesteck in mundgerechte Stücke, die man mit der Gabel ißt.

Pfirsiche schält und ißt man mit dem Dessermesser und der -gabel.

❧ Man spießt sie dabei auf die Obstgabel und zieht die Haut ab.

❧ Danach schneidet man sie in mundgerechte Stücke und ißt sie mit der Gabel.

Tips für zu Hause

Legen Sie kleine Blüten oder dünne Zitronenscheiben in die Fingerbowle.

Lecker, aber nicht ohne Tücke:
SPIESSCHEN

brochettes / skewers / spiedini / broquetas

Zu den gemischten Spießen, die man landläufig bei uns kennt, gesellen sich mehr und mehr auch Schaschliks, Saté und andere fernöstlich gewürzte Spieße.

So serviert und ißt man das

Je nach der Größe der Spieße und der Art des Restaurants werden sie auf Holz- oder Porzellantellern präsentiert, oft schon mit den Beilagen angerichtet.

❧ Meist faßt der Oberkellner den Griff des Spießes mit einer Serviette und streift bei großen Spießen erst die Hälfte der Fleisch, Fisch oder Gemüsestückchen mit Hilfe einer Gabel auf den Teller.

❧ Die zweite Hälfte wird dann auf einem frischen Teller nachserviert.

❧ Für die leeren Spieße sollte ein Teller bereitstehen.

❧ Das abgestreifte Grillgut ißt man mit Messer und Gabel.

Tips für zu Hause

Bei einer Grillparty sollte man den Schutzhandschuh nicht vergessen. Metallknäufe am Spieß bleiben lange sehr heiß!

Getränkeempfehlung

Weißer oder roter Landwein oder Bier.

9. In Fernost zu Gast

Allein in einem chinesischen Restaurant zu essen ist nicht besonders attraktiv – es sei denn, man habe seine Lieblingsgerichte. Eine größere Tischrunde bietet die Möglichkeit, viele verschiedene Gerichte auszuprobieren. Alle essen von allem, was bestellt wurde. Idealerweise werden dabei auch verschiedene Geschmacksrichtungen kombiniert.

Auf Vorspeisen darf nicht verzichtet werden; die Süppchen, Frühlingsrollen, Dim-sums, kleine, im Dampfkörbchen gegarte oder fritierte Teigtaschen sind ein Genuß.
Als Hauptgang sollte ein Gericht mehr bestellt werden, als die Anzahl der Gäste beträgt - es kann sich dabei um ein einfaches Gemüsegericht handeln. Hier folgt man dem chinesischen Prinzip der Harmonie durch gegenseitige Ergänzung der Farben und Vielfältigkeit der Geschmacksrichtungen.

So serviert man das

Ein chinesisches Gedeck besteht aus
- Eßschälchen
- Eßstäbchen
- Porzellanlöffel für Suppen
- kleinen Tassen für Tee
- Schälchen für Reiswein

und
- einer Serviergarnitur mit Sojasauce und Sambal Oelek (scharfe rote Pfefferpaste).

Zuerst werden die Vorspeisen und Suppen aufgetragen, dann folgen nach und nach alle anderen Gerichte. Dazu gehört weißer oder gebratener Reis.

So ißt man das

In unseren Breitengraden pflegt man die chinesischen Saucengerichte auf den Reis im Schälchen zu geben. Wer in China reist, wird feststellen, daß der Reis dort erst gegen Ende der Mahlzeit serviert wird, falls die Gäste noch hungrig sind.
Idealerweise ißt man chinesisches Essen mit Stäbchen. Auf Verlangen erhalten Sie allerdings überall Messer und Gabel, wobei Sie das Messer praktisch nie gebrauchen, denn chinesisches Essen ist mundgerecht zerkleinert. Frühlingsrollen ißt man mit einer Papierserviette von Hand. Kleine vietnamesische Röllchen belegt man mit einem Pferminzblatt und wickelt sie in ein Salatblatt.

So ißt man mit den Stäbchen:

❧ Das Stäbchen mit dem hinteren Drittel in die Höhlung zwischen Daumen und Zeigefinger legen. Es liegt also auf der Innenseite des Ringfingers.

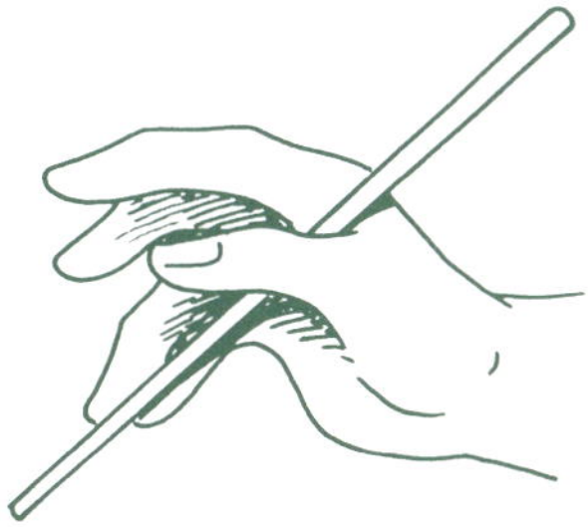

❧ Das zweite Stäbchen wie einen Kugelschreiber zwischen Zeige- und Mittelfinger einklemmen und mit dem Daumen andrücken.

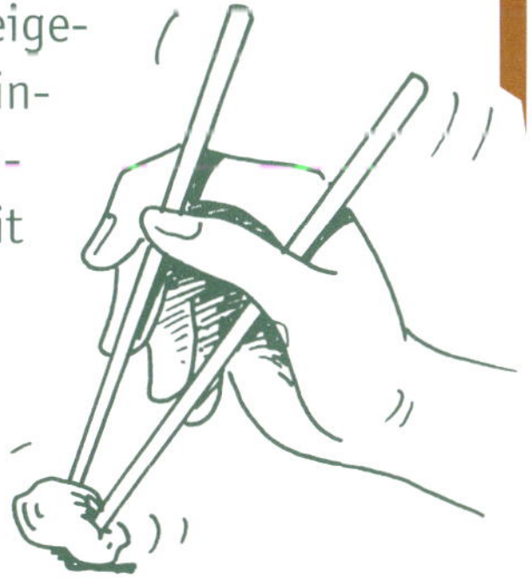

❧ Beim Essen bleibt das untere Stäbchen fest in der Hand, nur das obere wird geführt.

So wird Peking-Ente gegessen:

❧ Man legt einen Teigfladen auf den Teller, taucht ein Stück der knusprigen Entenbrust in die braune, süßliche Pflaumensauce und rollt es mit frischen Frühlingszwiebeln in den Fladen ein. Dann wird mit der Hand gegessen.
❧ Das Entenfleisch wird in der Regel als zweiter Gang in mundgerechten Stücken serviert.
❧ Zuletzt gibt es eine aus den Knochen und Abschnitten der Ente zubereitete Suppe.

Getränkeempfehlung

Saké, Jasmin- oder grüner Tee, leichtes Bier, Roséwein, evtl. auch chinesischer Wein.

Im Indischen Restaurant

Auch bei uns entstehen immer mehr indische Restaurants mit ihrer bekömmlichen, interessant gewürzten und vorwiegend vegetarischen Küche.

Man kann in London ganz hervorragend indisch essen, mit vielen verschiedenen Currys, die mit unseren landläufigen gelben Currysaucen nicht viel gemeinsam haben. Für die indischen Currys gibt es unzählige Gewürzmischungen, vom milden Madras bis zur pikantesten Variante.

So serviert und ißt man das

Nicht-Inder werden meistens gefragt, wie „hot“ sie ihr Gericht möchten. Man darf es ruhig etwas scharf bestellen, der dazu

servierte Joghurt und die verschiedenen Chutneys mildern die Schärfe. Natürlich kann man auch Fleisch- oder Fischgerichte bestellen, etwa Hähnchen im Tandoory-Ofen gebraten oder in aromatischer Sauce gegart. Dazu wird meist frisch auch indisches Brot gebacken, z.B. Chapatis, die noch lauwarm zum Essen serviert werden.
Im indischen Restaurant erhalten Sie Gabel und Löffel, ein Messer ist überflüssig. Hähnchenschenkel zum Beispiel werden einfach mit der Hand gegessen. Erschrecken Sie nicht, wenn Sie in Indien oder in Singapur im indischen Quartier ein bereits mehrmals verwendetes Bananenblatt als Tischset bekommen und der Koch Ihnen mit einem großen Schöpfer darauf ein headcurry (aus einem grossen Fischkopf zubereitetes Curry) serviert, das ringsum von den Indern mit den Fingern gegessen wird. Wenn Sie so verdutzt dreinschauen, wie Sie sind, bekommen Sie sofort Gabel und Löffel!

Tips für zu Hause

Es lohnt sich, sich auch für die eigene Küche von der indischen Vielfalt inspirieren zu lassen. Sie können die meisten Gerichte in einem Wok zubereiten. Er ersetzt gut die Karai, die gußeiserne, tiefe Pfanne mit dem gewölbten Boden. Kochen und braten Sie mit geklärter Butter (Butterschmalz), es ist praktisch dasselbe wie das indische Ghee. Bereiten Sie Ihre Würzmischungen selber zu!

Getränkeempfehlung

Indischer Tee, auch Kräutertee oder leichtes Bier

Im japanischen Restaurant

Wer meint, daß die japanische Küche der chinesischen ähnlich sei, täuscht sich.

Die wichtigsten Unterschiede sind die Fettlosigkeit und die Naturbelassenheit der Produkte. Vieles wird roh oder nur ganz knapp gegart gegessen. Man serviert mit Vorliebe überaus kunstvoll angerichtete kleine Häppchen. Die Frische der Produkte, insbesonders der Fische und Meeresfrüchte, die bis zur Zubereitung leben müssen, ist oberstes Gebot.

In Japan gibt es verschiedene Restauranttypen mit jeweils speziellen Speisen:

- Spezialisierte Bars mit Sushis oder Tempura,
- Nudelshops mit preisgünstigen Nudelgerichten, Spießchen-Restaurants mit vielen Variationen,
- kleine Aalrestaurants, wo dieser Fisch in Spezialöfen auf besondere Art gegart wird.

Spezialitäten-Restaurants bieten einen Querschnitt durch das vielfältige Angebot, z.B. auch eine Art Fisch-Fleisch-Gemüse-Fondues, die dem Gast auf Rechauds präsentiert werden.

Ganz exklusiv ist das Kaiseki-Restaurant, in welchen ein traditionelles Menü in vielen Gängen serviert wird. Unter anderem auch der Fugu (Kugelfisch mit tödlichem Gift), der nur von Köchen mit spezieller Lizenz zubereitet werden darf. Meist wird man in diesen Gaststätten nur auf Empfehlung eingelassen. Je nach Gastgeber wird man bei Einladungen von Geishas betreut und unterhalten.

Fleisch, Fisch und Meeresfrüchte vor dem Gast auf Grillplatten zubereitet findet man im Tappanyaki-Restaurant, welche neueren Datums sind. In Japan aß man noch vor nicht allzu langer Zeit kein Fleisch, und japanische Puristen bezeichnen diese Art Restaurants als Attraktion für ausländische Touristen.

In den japanischen Restaurants in Europa oder anderswo in der Welt findet man nur ein beschränktes Angebot der unzähligen Landesspezialitäten. Zur Hauptsache existieren nur die Tappanyaki-Grills, Sushis (roher Fisch oder Meeresfrüchte auf Reisbällchen), ab und zu Tempura (im Teig fritiertes Gemüse, Fische und Meeresfrüchte), Sashimi (Fleisch oder Fisch, roh geschnitten) sowie einige der auf Rechauds servierten Eintöpfe.

So ißt man das

In Japan gibt es vor dem Essen noch einige Rituale zu beherzigen:

- Vor dem Eintreten in das Restaurant tauscht man seine Schuhe gegen Pantoffeln.
- Wenn es ganz traditionell zugeht, sitzt man nicht wie bei uns am Tisch, sondern befindet sich auf den Knien, was für Ungeübte sehr mühsam sein kann. Manchmal existieren unter dem Tisch jedoch Vertiefungen für die Beine von Nicht-Japanern.
- Dann erhält man ein nasses, heißes Tuch für die Reinigung der Hände.
- Prinzipiell ißt man japanisches Essen mit Stäbchen, Messer und Gabel müssen verlangt werden. Sushis, die in Bars serviert werden, dürfen von Ausländern ohne weiteres mit der Hand gegessen werden.

❧ Reis wird erst zum Ende der Mahlzeit serviert, man darf ihn nicht „beschmutzen", das heißt auf keinen Fall mit Fisch, Fleisch, Sauce usw. mischen. Viel Reis zu essen bedeutet für den Gastgeber, daß man nicht hungrig vom Tisch gehen möchte. Das ist eine Beleidigung für den Gastgeber.

❧ Eine Suppe bildet den Abschluß eines traditionellen Essens. Man trinkt sie in kleinen Schlückchen.

Getränkeempfehlung

Traditionell wird Saké, japanischer Reiswein, dazu getrunken. Grüner Tee, Bier, Weiß- oder Roséwein passen auch.

Im Thai-Restaurant

Die Thai-Küche ist etwas ganz Besonderes unter den fernöstlichen Küchen. In keinem asiatischen Land - Japan ausgenommen – wird so würzig, delikat und leicht gekocht wie in Thailand. Frische Gemüse und vor allem unzählige Kräuter und Gewürze geben den Gerichten die unverwechselbare Note.

Schon zu Beginn der Mahlzeit wird man im Thai-Restaurant überrascht von den vielen kleinen, herrlichen Vorspeisen und Suppen. Darauf folgt eine große Vielfalt von Hauptgerichten mit Fisch, Meeresfrüchten oder die aromatischen grünen und roten Currys, die Europäer oft als sehr scharf empfinden. Eine wirkliche Augenweide sind die kunstvoll geschnittenen, ja richtiggehend geschnitzten exotischen Früchte, die als Nachtisch gereicht werden.

So ißt man das

In Thailand ißt man mit dem Löffel. In Ausnahmefällen, etwa für Nudelgerichte, greift man zu Stäbchen. Im Restaurant werden meistens Löffel und Gabel aufgedeckt.
Im Süden des Landes wird mit der Hand gegessen - mit der rechten, denn die linke gilt als unrein.
Man formt mit den Fingern aus Reis kleine Bällchen, die man ins Gericht taucht und ißt. Für Ungewohnte ist so etwas allerdings eine etwas schwierige Angelegenheit. Das überläßt man deshalb besser den Einheimischen und ißt, auch im Lande selber, vorzugsweise mit Löffel und Gabel. Ein Messer gilt laut Buddha als barbarisch und sollte deshalb nicht auf den Tisch kommen.

Die Thai-Küche ist so beliebt und attraktiv, daß Kochbegeisterte sie auch zu Hause versuchen sollten. Es gibt ausgezeichnete Kochbücher zu diesem Thema.

Getränkeempfehlung

Mineralwasser, kühles Bier oder (wie die Thais selbst) thailändischer Whisky.

Register

In gleicher Ausstattung im Urania Verlag erschienen: